# Champignon, Steinpilz & Co
## Ein Pilzkochbuch

# Champignon, Steinpilz & Co

## Ein Pilzkochbuch

Von Andrea Oppermann

Warendorf 2004

SCHNELL Buch & Druck
Warendorfer Lieblingsbücher

Impressum

Champignon, Steinpilz & Co
Ein Pilzkochbuch

Rezepte: Andrea Oppermann

Zeichnungen: Hildegard-Johanna Seeger



ISBN 3-87716-767-5
1. Auflage Warendorf 2004

# Inhaltsverzeichnis

## Ein Wort vorweg

Pilze, in manchen Zeiten ein „arme Leute Essen", sind heute eher eine immer beliebter werdende kulinarische Delikatesse.

Zu keiner Jahreszeit ist es jetzt ein Problem frische Champignons, Austernpilze oder andere Sorten zu bekommen. Auch auf tiefgefrorene Pilzmischungen lässt sich zumeist problemlos zurückgreifen, ganz zu schweigen von den vielen Möglichkeiten, die Pilze im Glas oder aus der Dose bieten.

In meiner Familie hat auch das Sammeln von Pilzen eine lange Tradition. Schon in der Kindheit hat es mir den größten Spaß gemacht, mit der Großmutter Luise durch die Wälder zu streifen und Pilze zu sammeln. Noch heute packt regelmäßig meine Eltern Anneliese und Karl-Heinz das Pilzfieber, wenn der Herbst naht.

Aber sicher ist es nicht nur das „Pilz-Sammelfieber", das viele Menschen ergreift, sondern es ist auch eine angenehme

Begleiterscheinung, an der frischen Luft durch Wälder und Natur zu ziehen!

So soll dieses Buch viele Rezepte und Ideen zur Pilzverarbeitung näher bringen. Überwiegend schnelle und gut zu praktizierende Möglichkeiten biete ich Ihnen an.

Denn mein Motto, welches mich schon viele Jahre im Bereich der Kürbisküche begleitet hat, ist:

Selbermachen ist nicht schwer! Nur darf es nicht zu lange dauern und nicht zu kompliziert sein!

Ich wünsche Ihnen viel Spaß und Erfolg beim Ausprobieren der Rezepte!

## Die Rolle der Pilze im Naturhaushalt

Pilze ernähren sich von abgestorbenem, natürlichem Material. Sie tragen neben Bakterien und anderen Mikroorganismen ganz entscheidend dazu bei, dass z.B. Holz und Laub abgebaut werden können und so wieder für andere von Nutzen sind.

Es gilt als erwiesen, dass Pilze einen entscheidenden Beitrag zum Gleichgewicht in der Natur liefern.

Daher sollte jeder Sammler bedenken, nicht mehr Pilze zu ernten als benötigt werden und verarbeitet werden können.

Sehr wichtig ist auch, dass zu alte oder auch offensichtlich als giftig erkannte Pilze nicht einer blinden Zerstörungswut zum Opfer fallen. Denn auch diese leisten ihren Beitrag in der Natur.

## Was ist ein Pilz?

Ein Pilz ist strenggenommen kein Gemüse, sondern ein Sporengewächs.

Diese vermehren sich nicht durch Früchte oder Samen, sondern durch Sporen, die teilweise millionenfach ausgebildet werden, um den Fortbestand ihrer Spezies zu sichern.

Die Pflanze selbst wächst unter der Erde, diesen Teil nennt man Myzel. Die Nährstoffe, die sie zu ihrer Bildung benötigt, nimmt sie aus bereits gebildeter organischer Substanz. Der Fruchtkörper ist es, der dann als Pilz auf dem Küchentisch landet.

## Pilze selber ernten

**Das oberste Gebot bei der Pilzernte lautet:** Es dürfen ausschließlich die Pilze geerntet werden, die dem Sammler bekannt sind.

Am Besten ist es, wenn man einen Pilzführer zur Hand hat, der dann die entsprechenden Pilze eindeutig als Speisepilz ausweist.

Wenn trotzdem noch eine Unsicherheit besteht, ist von der Ernte unbedingt abzuraten.

Um sich etwas pilzkundiger zu machen, bieten sich vielerorts Pilzführungen zur Saison an.

Oft kommt es in einer Gemeinschaft zu einem Erfahrungsaustausch, der das Sammeln sicher macht und auch noch viel Spaß bringt!

## Faustregeln für das Ernten

1. Pilze sollten geerntet möglichst in einem Korb abgelegt werden.

Auf gar keinen Fall in einem luftundurchlässigen Eimer oder einer Plastiktüte. Dort erwärmen sie sich, verlieren an Wasser und werden zu schnell ungenießbar.

2. Pilze sollten möglichst immer mit einem Messer, dazu kurz über dem Boden, abgeschnitten werden.

Wenn kein Messer zur Verfügung steht, dürfen die Pilze nur ganz vorsichtig herausgedreht werden. Anschließend muss das Loch vorsichtig wieder mit Erde bedeckt werden. All dies soll zum Schutz des Myzels so gehandhabt werden, damit sich weitere Pilze bilden können.

3. Am Besten ist es, wenn Pilze bei Trockenheit geerntet werden.

Sollte das aufgrund von manchem trübem und vielleicht auch regnerischem Tag nicht möglich sein, empfiehlt es sich, die Pilze zu Hause schnell einzeln auf Zeitungspapier zum Abtrocknen auszulegen. Dann können sie im Anschluss entsprechend weiterverarbeitet werden.

4. Vom Grundsatz her sollten Waldpilze nicht roh gegessen werden. Einige Arten müssen gar vor dem Verzehr überbrüht werden.

5. Auf gar keinen Fall darf der Geschmack an rohen Pilzen getestet werden, wenn man sich nicht sicher ist, welchen Pilz man vor sich hat!

6. Es empfiehlt sich auch , den Pilz einmal in der Mitte durchzuschneiden, um so zu testen, ob Madenfraß besteht. Meistens sind junge und feste Pilze weniger von Maden befallen.
Ein weiterer Vorteil: Junge Pilze müssen meist weniger geputzt werden!

## Die Rolle der Pilze in der Ernährung

### Pilze sind gesund

Sie haben einen hohen Eiweißgehalt, der vom Menschen bis zu 90 % verwertet werden kann.

Sie sind reich an Vitaminen, Mineralstoffen und auch Ballaststoffen, dabei sollten Kalium und Phosphat besonders genannt sein. Die Geschmackstoffe regen den Appetit an und durch die Ballaststoffe wird die Verdauung angeregt.

Da sie als Schadstoffsammler gelten, sind sie für die Diätküche nicht zu empfehlen.

Pilze sind mit 32 kcal pro 100 g eher kalorienarm.

Bis zu 90 % bestehen sie aus Wasser.

## Pilze in der Küche

Wenn ich in meinen Rezepten von „die Pilze putzen“ rede, meine ich folgende Vorgehensweisen:

Alle selbst gesammelten Pilze sollten von Laub und Erdresten befreit werden. Dann empfiehlt es sich auch unbedingt, den Pilz einmal in der Mitte duchzuschneiden, um zu kontrollieren, ob Madenfrass vorhanden ist.

Bei älteren Lamellenpilzen muss von Fall zu Fall entschieden werden, ob Lamellen entfernt werden müssen.
Bei Schwammpilzen und etwas weiter aufgegangenen Pilzen muss geprüft werden, ob der Schwamm entfernt werden muss. Wenn dieser noch fest, der Pilz also noch jung ist, ist das nicht notwendig.

Einzelne Sorten muss man möglicherweise unterschiedlich handhaben. Dies sollte aber immer nach einem Fachbuch geschehen.

Waldpilze sollten am besten gar nicht, wenn unbedingt nötig, nur vorsichtig gewaschen werden.

Bei Kulturpilzen, wie zum Beispiel den Champignons, sollte man darauf achten, dass am Stielende keine Erdreste vorhanden sind. Sie brauchen auch nur kurz unter fließendem Wasser abgebraust zu werden.

Sollten die Champignons einmal sehr aufgegangen sein, müssen die dunklen Lamellen entfernt werden. Es lohnt sich beim Kauf darauf zu achten, nur junge feste Köpfe zu nehmen, was Arbeit und Zeit spart.

## Pilze in der Vorratshaltung

### Pilze einfrieren

Die Pilze müssen geputzt und am Besten küchenfertig zerteilt sein.
Auch sollten keine zu nassen oder matschigen Pilze verwendet werden. Von Vorteil ist es, die Pilze in einer flachen Lage zum Gefrieren zu bringen und sie schockzugefrieren, damit sie beim Gefriervorgang nicht zu sehr zusammendrücken.

Wichtig: Vor der Verwendung nicht auftauen. Es geht zu viel Wasser verloren. Sondern gleich das Gefriergut in den Topf oder die Pfanne geben und beim Garvorgang auftauen.

### Pilze trocknen

Hierfür werden die Pilze geputzt und in Scheiben geschnitten. Dann entweder auf ein Rost oder Geschirrhandtuch gelegt. Auf gar keinen Fall auf Folie oder Kunststoff legen. Das Pilzgut muss „atmen“ können. Sie werden an

einem trockenen luftigen Ort deponiert und ab und zu gewendet.
Dieser Vorgang dauert mehrere Tage. Am Ende sollten die Pilze „rascheltrocken“ sein.
Aufbewahrt werden müssen sie dann in einem luftdicht verschlossenen Gefäß, wie z.B. einem Schraubglas.

Es gibt auch die Möglichkeit, die Pilzscheiben auf einer Schnur aufzuziehen. Dabei muss aber dringend darauf geachtet werden, dass sich die einzelnen Pilzscheiben nicht berühren. Es kann sonst Fäulnis entstehen!

Eine weitere Möglichkeit ist das Trocknen in einem Dörrgerät oder im Backofen. Bei 60° (Mitte, Umluft 40°) auf dem Rost einige Stunden. Wichtig hierbei ist: den Ofen einen Spalt offen zu lassen!

**Pilze sterilisieren**

So wird's gemacht: Die geputzten und zerkleinerten Pilze werden 10 Minuten im eigenen Saft in einem Topf gedünstet. Dann wird alles in vorbereitete Twist-Off-Gläser oder Weckgläser gegeben, wobei darauf zu achten ist, dass möglichst wenig von dem ausgetretenen Saft beigefügt wird. Separat wird Wasser zum Kochen gebracht und über das Pilzgut gegossen und damit ergänzt. Im Anschluss daran werden die Gläser 1 ½ Stunden bei 100° in einem Wecktopf sterilisiert.

Eine weitere Möglichkeit ist, den beim Dünsten ausgetretenen Sud vor dem Sterilisieren durch ein Tuch zu seihen und den Pilzen zuzufügen.

Auf gar keinen Fall dürfen Gläser verwendet werden, die während der Aufbewahrungszeit aufgegangen sind.

**Wenn Sie weitere Tipps im Falle einer Pilzschwemme benötigen, schauen Sie ins Kapitel „Vorratsecke“!**

## Rezepttipps

### Fondue

Eine tolle Sache: Champignons als Beilage zu Fondue oder Raclette!
Es bedarf keiner Vorbereitung außer dem Putzen und ist eine gute fleischlose und schmackhafte Ergänzung.

### Verwendung von getrockneten Pilzen

Getrocknete Pilze eignen sich hervorragend als Beigabe zu Bratensud, dem späteren Saucenfond, oder als Beigabe in Suppen.
Wenn man einen Braten aufsetzt, etwas Flüssigkeit und Pilze zufügen. Die Saucen haben einen tollen Geschmack!

Vor der Verwendung sollten die Pilze allerdings gut abgespült werden!

## Pilzpulver

Aus sehr gut getrockneten und anschließend gemahlenen Pilzen kann Pilzpulver hergestellt werden, das zum Würzen von Saucen oder als Beigabe zu Paniermehl gut geeignet ist.

## Verwendete Abkürzungen

Teelöffel : Tl.
Esslöffel : Essl.
Gramm : g
Kilogramm : kg
Messerspitze : Msp.
Milliliter : ml
Liter : l

## Temperaturtabelle für Backöfen

Alle Temperaturangaben im Buch beziehen sich auf Ober- und Unterhitze. Hier eine kleine Tabelle zur Verwendung von Umluft:

150° OBU = 140° Umluft
160° OBU = 145° Umluft
170° OBU = 155° Umluft
175° OBU = 160° Umluft
180° OBU = 165° Umluft
190° OBU = 170° Umluft
200° OBU = 180° Umluft
225° OBU = 200 ° Umluft
250° OBU = 220 ° Umluft

Temperaturen bei Gasöfen müssen den Herstellerangaben entnommen werden!

# Vorspeisenkreationen

## Käse-Champignonwaffeln (Für ca. 10 Stück)

Teig: 125 g Butter, 1 Essl. Zitronensaft, 2 Eier, 150 ml handwarmes Wasser, 250 g Weizenvollkornmehl, 1 gestrichener Tl. Backpulver.
Füllung: 8-12 Salatblätter, 100 g geriebener Emmentaler, 400 g Champignons, 1 Essl. Butter, Pfeffer, Salz.

Aus allen Zutaten für den Teig einen geschmeidigen Teig herstellen. Nacheinander alle Waffeln mit einem Waffeleisen abbacken und warm halten. Champignons in der Butter dünsten bis alles Wasser abgedampft ist. Mit Salz und Pfeffer abschmecken. Salatblätter waschen und trockentupfen. Für jeden Gast eine Waffel halbieren, auf eine Seite ein Salatblatt legen, mit Käse bestreuen, 1-2 Essl Pilze geben und umklappen und zügig servieren.

Tipp: Auf die umgeklappte Waffel kann noch ein kleines Stück Tomate gelegt werden!

## Blätterteigtaschen

4 gefrorene Blätterteigplatten, 1 Ei.
**Füllung:** 300 g Champignons in Scheiben, 1 Essl. Butter, Salz, Pfeffer, 75 g Emmentaler, etwas frische Petersilie

Den Blätterteig auftauen lassen. In einem Topf die Butter zerlassen und die Pilze dünsten, bis das Wasser abgedampft ist. Mit Salz und Pfeffer abschmecken. Die Teigscheiben halbieren. Auf den unteren Bereich jeweils etwas Käse und 1 Essl. Pilze geben, umklappen und mit einer Gabel vorsichtig am Rand zusammendrücken. Das Ei verquirlen und die Taschen damit bestreichen. Auf ein mit Backpapier ausgelegtes Backblech legen und im vorgeheizten Backofen bei 175° (unten) 20 Minuten backen. Mit Petersilie dekoriert zügig servieren.

Tipp: Lässt sich gut vorbereiten und für beliebig viele Gäste erweitern!

## Jäger - Canapes

10 mittelgroße Champignons, 100 g Geflügelleber, 4 Essl. Madeirasauce, 10 Pumpernickeltaler, 50 g frisch geriebener Parmesan.

Champignons klein würfeln. Leber gut durchbraten und klein hacken. Beide Zutaten mit der Madeirasauce vermischen. Auf die Pumpernickeltaler verteilen und mit Parmesan bestreuen. Im vorgeheizten Backofen bei 180° (unten) 10 Minuten überbacken, bis der Käse geschmolzen ist.

## Englischer Champignontoast

12 große Champignonhüte, 12 Scheiben Vollkorntoast, 6 Essl. Olivenöl, Pfeffer, Salz, 6 Sardellenfilets, 6 Essl. Sahne.

Mit einem Glas große Kreise aus dem Toast ausstechen. Öl in einer Pfanne erhitzen und darin die Brotkreise auf beiden Seiten goldgelb rösten. Mit einem Küchenkrepp das überschüssige Fett abtupfen. Das Brot im vorgewärmten Ofen warm halten. Die Pilzhüte im restlichen Öl bei geschlossener Pfanne langsam garen, bis sie weich sind. Sardellen fein hacken und durch ein Sieb streichen. Sahne steifschlagen und mit den Sardellen gut vermischen. Auf jede Brotscheibe einen Champignon legen, in die Stielöffnung einen Löffel Sardellensahne geben und sofort servieren.

## Überbackener Schafkäse

400 g cremiger Schafkäse in Scheiben, 200 g Champignons in Scheiben, 1 Essl. Butter, 2 Tomaten in kleinen Würfeln, 2 Knoblauchzehen, 2 Zwiebeln in Ringen, Pfeffer, Olivenöl, Alufolie.

Butter in einem Topf zerlassen und die Pilze dünsten, bis das Wasser verdampft ist. Tomaten halbieren, die wasserhaltige Kernmasse und den Strunk entfernen, anschließend klein würfeln. Knoblauch abziehen und fein hacken. Den Schafkäse auf entsprechend große Alustücke setzen. Pilze mit Tomaten, Zwiebeln, Knoblauch und Pfeffer mischen und auf dem Käse verteilen. Die Alufolie so formen, dass ein kleiner Rand entsteht, und keine Flüssigkeit ablaufen kann. Noch etwas Olivenöl auf den käse geben und im vorgeheizten Backofen bei 200° (unten) 25 Minuten überbacken. Dazu kleine Fladenbrotecken reichen!

Einkaufstipp: Etwas cremigeren Käse bekommt man oft bei entsprechenden Gemüsehändlern!

## Gefüllte Champignonhüte (6 Personen)

12 größere Champignons, 4 Essl. Butter, Salz, Pfeffer, 4 Essl. Semmelbrösel, 100 g Schafkäse, 2 Knoblauchzehen gehackt, 1 Essl. Salbei, 2 Essl. Olivenöl, 1 Tl. Zitrone, 150 g Spinat Tk aufgetaut.

Pilze reinigen, putzen den Stiel herausdrehen und fein würfeln. Die Butter zerlassen, die Pilze bei geschlossenem Topf 15 Minuten dünsten. Herausnehmen, warm halten und die entstandene Flüssigkeit einköcheln lassen. Den Spinat gut ausdrücken, den Käse fein würfeln, den Salbei hacken. Spinat und Pilzstiele in der restlichen Butter 5-6 Minuten unter Rühren dünsten. Pilzmasse mit Semmelbrösel, Käse, Knoblauch, Salbei, Olivenöl, Zitrone, Salz, Pfeffer mischen und die Pilzköpfe gleichmäßig damit befüllen. Im vorgeheizten Backofen bei 200° (unten) 20 Minuten überbacken. Pro Person 2 Pilze reichen!

Tipp: Eine kleine Ecke oder Stück Weißbrot anbieten!

# Austernpilzrösties (für 6 Personen)

450 g Austernpilze, 1 Zwiebel gewürfelt, 2 Essl. gewürfelter Schinken, 2 Essl. gehackte Petersilie, 2 Essl. Butter, 5 Essl. Olivenöl, 2 Knoblauchzehen gehackt, Salz, Pfeffer, 6 Scheiben Ciabattabrot.

Olivenöl in einer Pfanne erhitzen und das Brot von beiden Seiten gut anrösten. Noch warm mit gehacktem Knoblauch bestreichen. Pilze in Streifen schneiden, Butter in der Pfanne zerlassen und die Pilze zusammen mit Zwiebeln und Speck dünsten und mit Salz und Pfeffer abschmecken. Kleine Teller bereitstellen. Eine Scheibe Brot auf jeden Teller legen. Pilze bis zur Hälfte und daneben auf das Brot geben und alles großzügig mit Petersilie bestreuen. Noch warm anreichen.

## Austernpilzschnitzel (für 6 Personen)

6 große Austernpilze, 2 Eier, 4 Essl. Mehl, 6-8 Essl. Paniermehl, Salz, Pfeffer, Butter, 1 Essl. Zitronensaft, 1 Tl. gehackter Dill, einige frische Zweige Dill, 6 Tl. Creme Fraiche, 100 g Krabben.

Das Ei mit Salz, Pfeffer und Zitronensaft verquirlen. Austernpilze in Mehl wenden, durch das Ei ziehen, und in Semmelbrösel wenden. In Butter ausbacken und warm halten. Die Krabben kurz in der verbliebenen Butter erwärmen und mit gehacktem Dill vermischen. Die Creme Fraiche glattrühren. Auf 6 kleinen Tellern die Pilze anrichten, mit Krabben belegen und einen Tupfer Creme Fraiche aufsetzen. Auf die Creme Fraiche einen kleinen Zweig Dill legen und zügig anreichen.

Lässt sich gut vorbereiten und macht was her!

## Antipasti-Topf

300 g Kürbis in länglich dünnen Scheiben, 2 rote Paprika in Streifen, 600 g Champignons geviertelt, Olivenöl, Zitronensaft, Salz, Pfeffer, 6 Knoblauchzehen in Stiften, 1 Essl. Rosmarin (möglichst frisch). 50 ml Gemüsebrühe.

Olivenöl in eine Pfanne geben, Kürbis von allen Seiten kurz andünsten, mit Zitronensaft, Salz und Pfeffer würzen. Aus der Pfanne nehmen. So auch nacheinander mit Pilzen und Paprika verfahren. Auf einer flachen Schale oder Platte nebeneinander anordnen. So auch Knoblauch vorbereiten und über dem Gemüse verteilen. Brühe in der Pfanne zum köcheln bringen, den Rosmarin zugeben und den Sud dann gleichmäßig über der Antipasti verteilen.
1 Stunde kalt stellen.

Tipp: Dazu frisches Weißbrot anreichen!

## Knoblauch-Bruschetta (für 6 Personen)

6 Knoblauchzehen grob gehackt, 8 Essl. Olivenöl, 2 kleine Rote Paprika in dünnen Streifen, 2 Tassen Champignons, 1 Tasse Steinpilze, 2 Tassen Austernpilze, 4 Schalotten gewürfelt, Salz, Pfeffer, 3 Essl. frisch gehackte Petersilie, 12 Scheiben Ciabattabrot, Olivenöl, geriebener Parmesan (am Besten frisch).

Das Brot in einer Pfanne mit ausreichend Olivenöl von beiden Seiten rösten. Zur Seite stellen, Pilze putzen und grob zerkleinern. Die 8 Essl. Öl in der Pfanne erhitzen, den Knoblauch und die Schalotten zugeben und glasig dünsten. Herausnehmen und den Vorgang mit Paprika wiederholen, der den „Biss" unbedingt noch behalten muss. Zum Schluss die Pilze dünsten bis das Wasser wieder abgedampft ist. Mit Salz, Pfeffer und Petersilie vermengen und das Gemüse wieder zufügen und unterrühren. Die Pilzmischung auf dem Brot verteilen und mit Parmesan bestreut servieren.

Tauschtipp: Auch eine einzige Sorte Pilze geht!

## Überbackener Pilztoast

400 g Pilze nach Wahl, 2 Gewürfelte Zwiebeln, 3 Essl. Butter, Butter für das Toast, Pfeffer, Salz, 2 Essl. gehackter Schnittlauch, 4 Scheiben Bacon, 4 Scheiben Butterkäse, 4 Scheiben Vollkorntoast.

Die Pilze putzen, in Scheiben schneiden, Butter in einem Topf zerlassen und die Pilze darin dünsten, bis das Wasser wieder zu 2/3 eingedampft ist, Zwiebeln kurz mitdünsten. Leicht mit Pfeffer und Salz abschmecken. Das Toast in einem Toaster rösten. Etwas abkühlen lassen, mit Butter einstreichen. Den Bacon in der Mitte durchschneiden, jeweils 2 kleine Stücke auf die Toastscheibe legen. Die Pilze darauf verteilen, die Käsescheibe auflegen und im vorgeheizten Backofen bei 180° (unten) 7 Minuten überbacken. Mit Schnittlauch bestreut servieren.

Tipp: Grundsätzlich können alle essbaren Pilzarten für dieses Rezept genutzt werden, je nach Verfügbarkeit. Besonders lecker: Pfifferlinge (auch aus Glas), Steinpilze.

## Marinierte Kräuterpilze

300 g Champignons, 300 g Pfifferlinge, 1 Große Zwiebel in Ringen, Salz, Pfeffer, Saft von 1 Zitrone, Salz, Pfeffer, 3 Essl. gehackte Petersilie, 8 Essl. Olivenöl.

Pilze putzen, halbieren oder in Scheiben schneiden. Pilze mit Salz, Pfeffer, Zitronensaft und Öl über Nacht an einem kühlen Ort marinieren. Zwiebel abziehen, in Ringe schneiden. Pilze und Zwiebeln mitsamt der Marinade in einem Topf geben und 15 Minuten bei kleiner Hitze köcheln lassen. Abgekühlt mit Petersilie bestreut anreichen.

Tipp: Zu geröstetem Brot, über grünem Salat oder zu Fleischgerichten anreichen!

Variationen: Kräuter mischen, z.B. mit Schnittlauch, Kerbel, Dill u.m.

## Muffinszauber

100 g Zucchini geraspelt, 100 g Champignons zerkleinert, 2 Essl. gehackte Petersilie, 1 Zwiebel gewürfelt, 2 Knoblauchzehen gehackt, 75 g Schinkenwürfel, 220 g Mehl, 45 g Haferflocken, 1 Packung Backpulver, 1 Essl. Butter, ¼ Tl. Salz, Pfeffer, 1 Ei, 50 ml Pflanzenöl, 40 g geriebener Emmentaler, 250 ml Milch, geriebener Käse zum Bestreuen.

Pilze in Butter dünsten und abkühlen lassen. Mehl, Haferflocken, Backpulver in einer Schüssel mit Salz, Pfeffer mischen. Zucchini, Petersilie, Pilze, Zwiebelwürfel, Knoblauch und Schinken untermischen. In einer weiteren Schüssel das Ei verquirlen, Öl, Käse, Milch zugeben. Die Eimischung zur Gemüsemischung geben und nur leicht vermischen, bis die trockenen Zutaten leicht Feucht sind. Die Masse in ein vorbereitetes Muffinsblech geben mit Käse bestreuen und im vorgeheizten Backofen bei 180° (unten) 25 Minuten backen.

## Marinierte Champignons nach Christian Winters Art

650 g Champignons, sehr kleine geschlossene Köpfe, 200 g Zwiebel, 200 g Apfel.
Marinade: 5 Essl. Olivenöl, 1 Essl. Essig, 6 Essl. Weißwein, 5 Essl. Ahornsirup, Salz, Pfeffer, Muskat, 1 Essl. Basilikumblätter gehackt.

Pilze putzen. Zwiebeln und Äpfel schälen und in mundgerechte Stücke zerteilen.
Für die Marinade Olivenöl, Essig, Wein, Ahornsirup gut verschlagen und mit Salz, Pfeffer und Muskat abschmecken. Pilze, Äpfel und Zwiebeln mit der Marinade und Basilikum vermischen und alles über Nacht stehen lassen.
Dazu frisches Brot reichen!

Gut vorzubereiten und schnell gemacht!

Tipp: Vor dem Servieren noch kleine Streifen aus eingelegtem Paprika darauf dekorieren!

# Suppenküche

## Pikante Champignonsuppe

500 g mehlig kochende Kartoffeln, 250 g Champignons in Scheiben, 1 Zwiebel gewürfelt, 3 Essl. Öl, 1 l Fleischbrühe, 2 Essl. Tomatenmark, 1 Eigelb, 1 Essl. Sojasauce, Salz, Pfeffer, Tabasco.

Kartoffeln waschen, schälen und in Würfel schneiden. Öl in einem Topf erhitzen, Zwiebelwürfel und Pilze darin andünsten. Kartoffeln und Tomatenmark zugeben und mit Brühe ablöschen. 35 bis 40 Minuten köcheln lassen. Eigelb mit Sojasauce verquirlen und in die Suppe geben. Mit Gewürzen abschmecken und servieren.

Tipp: Vor dem Servieren noch etwas Creme-Fraiche auf die Suppe geben!

## Mexikanische Pilzsuppe (6 Personen)

2 Zwiebeln gewürfelt, 500 g Champignons in feinen Scheiben, 2 Essl. Olivenöl, 500 g Fleischtomaten, 2 Chilischoten fein gehackt, ¾ l Fleischbrühe, Salz, schwarzer Pfeffer, 1 Bund frischer Koriander (oder frische Petersilie).

In einem Topf Öl erhitzen und die Zwiebelwürfel darin glasig dünsten. Die Pilze dazugeben und weitere 15 Minuten dünsten. Die Tomaten vom Strunk befreien und in feine Würfel schneiden. Tomaten und Chilies in den Topf geben und mit Brühe aufgießen. Mit Gewürzen abschmecken und weitere 15 Minuten köcheln lassen. Koriander waschen, abtupfen, grob hacken und vor dem Servieren auf die Suppe geben.

Tauschtipps: Statt frischerTomaten können auch Dosentomaten verwendet werden. Statt Champignons können Austernpilze verwendet werden.
Geschmackstipp: Evtl. nur eine Chilieschote verwenden, wenn es nicht so scharf sein soll!

## Tomatensuppe

1 l Hühnerbrühe, 12 Essl. Aprikosensaft, 2 Essl. Tomatenmark, 6 Aprikosen, 150 g Champignons geschnitten, 1 Tl. Butter, 2 cl Gin, 1 Messerspitze gemahlene Nelken, 100 ml Sahne geschlagen, Salz, Pfeffer.

Brühe zum Sieden bringen. In einem Topf die Butter zerlassen und die Pilze dünsten, bis das Wasser abgedampft ist. Aprikosensaft, Tomatenmark, Pilze, Gin zufügen. 10 Minuten köcheln lassen. Die Aprikosen würfeln und zur Suppe geben. Mit Gewürzen leicht abschmecken. Mit einer Sahnehaube servieren!

Leicht und schnell!

## Indische Hackfleischsuppe (6 Personen)

400 g Champignons in Scheiben, 3 Zwiebeln gewürfelt, 3 Knoblauchzehen gehackt, 4 Essl. Öl, 450 g Hackfleisch, 1 Apfel entkernt und gewürfelt, je 1 rote und grüne Paprika gewürfelt, 800 g Tomaten gewürfelt, 300 ml Brühe, Salz, Pfeffer, Cayennepfeffer, Paprika, gemahlene Nelken, Thymian, 2 Essl. Zitronensaft, 2 große Bananen in Scheiben.

Öl in einem Topf erhitzen, Zwiebeln und Knoblauch darin glasig dünsten. Pilze und Hackfleisch zugeben und 8 Minuten unter Rühren dünsten. Apfel, Paprika, Tomaten untermengen und 5 Minuten köcheln lassen. Mit Brühe auffüllen. Einige Minuten weiter köcheln lassen und mit den Gewürzen und dem Zitronensaft abschmecken. Kurz vor dem Servieren die Bananenscheiben einrühren.

Lecker und einfach zu machen!

Tauschtipp: Es können auch Dosentomaten verwendet werden!

## Partysuppe (6 Personen)

300 g Hackfleisch, 4 Essl. Öl, 150 g Kabanossi in Würfeln, 250 g Gemüsezwiebeln gewürfelt, 4 Knoblauchzehen gehackt, 200 g grüne Paprikaschoten gewürfelt, 300 g Champignons in Scheiben, ¼ Brühe, ¼ Weißwein, 1 kleine Dose Kidneybohnen, 1 kleine Dose Mais, 2 Essl. Tomatenmark, Salz, Pfeffer, Chilipulver, Paprika.

Öl in einem Topf erhitzen, Zwiebeln und Knoblauch glasig dünsten. Hackfleisch zugeben und 8 Minuten mitbraten. Paprika, Pilze, Kabanossi, Bohnen, Mais vermengen und 5 Minuten mitköcheln lassen. Mit Brühe und Wein ablöschen und mit den Gewürzen gut abschmecken. Die Suppe 25 Minuten unter Rühren köcheln.

Die Mengen lassen sich auch für größere Feiern gut erweitern!

Tipp: Zu der Suppe glattgerührten Schmand reichen!

## Champignonsuppe mit Wildreis

100 g Wildreis, 4 Essl. Butter, 1 Gemüsezwiebel gewürfelt, 2 Stangen Sellerie in dünnen Scheiben, 3 Möhren fein gewürfelt, 200 g Champignons in Scheiben, 3 Essl. Mehl, 1,5 l Hühnerbrühe, 1 Zweig Thymian, 3 Essl. trockener Sherry, 250 ml Sahne, Pfeffer, Salz.

Wildreis nach Anleitung garen. In einem Topf die Butter zerlassen, Zwiebel, Sellerie und Möhren darin andünsten. Nach 5 Minuten die Pilze zugeben. Nach 2 Minuten das Mehl über das Gemüse geben und kurz köcheln lassen. Die Brühe angießen, umrühren und den Thymianzweig auflegen. Die Hitze reduzieren und 15 Minuten leicht köcheln lassen. Sherry, Reis und Sahne zugeben 5 Minuten köcheln lassen und mit Salz und Pfeffer abschmecken.

Herzhaft!

## Champignon-Knoblauch-Suppe

1 kg frische Champignons, 20 frische Knoblauchzehen, 4 Essl. Olivenöl, 200 g Semmelbrösel, 1 Bund Petersilie (Blätter), 2,5 l Hühnerbrühe, Pfeffer, Salz, Tabasco, trockener Sherry.

Die Pilze putzen, Knoblauchzehen abziehen. 500 g Pilze mit dem Knoblauch in einem Mixer fein hacken. Die restlichen Pilze in dünne Scheiben schneiden. 3 Essl. Öl erhitzen und darin die Pilzmasse und Pilzscheiben einige Minuten dünsten. Alles aus dem Topf nehmen und beiseite stellen. Petersilie fein hacken. Das restliche Öl in den Topf geben und die Semmelbrösel darin rösten. Pilze wieder zugeben und Petersilie unterrühren. Alles 5 Minuten garen. Die Brühe zugießen und unter häufigem Rühren 15 Minuten köcheln lassen. Mit den Gewürzen abschmecken!

Lecker!

## Champignoncremesuppe

1 l Hühnerbrühe, 1/5 l Sahne, Salz, Pfeffer, 800 g Champignons in dünnen Scheiben, 3 Essl Butter, 4 Essl. Mehl, 1 Essl. Zitronensaft, 3 Essl. gehackte Petersilie.

Butter in einem Topf zerlassen und die Pilze darin dünsten, bis kaum noch Wasser enthalten ist. Das Mehl darüber streuen und die Pilze gut damit vermengen. Mit Brühe unter ständigem Rühren ablöschen und weitere 15 Minuten köcheln lassen. Sahne und Zitronensaft zugeben und unter Rühren weitere 10 Minuten köcheln lassen. Mit Salz und Pfeffer abschmecken und mit gehackter Petersilie bestreut servieren.

## Waldpilzcremesuppe

750 g Waldpilze, 2 Schalotten gewürfelt, 4 Essl. Butter, 2 Essl. Mehl, ¾ l Brühe, 300 g Schmand, Salz, Pfeffer, 2 Essl. Zitronensaft, 3 Essl. Petersilie gehackt.

Pilze putzen und je nach Größe zerteilen. Die Butter in einem Topf zerlassen und die Zwiebeln darin glasig dünsten. Die Pilze zufügen und unter Rühren dünsten, bis die Flüssigkeit sich wieder reduziert hat. Mit dem Mehl bestäuben und mit der Brühe nach und nach ablöschen. Den Schmand mit Zitronensaft einrühren und mit Salz und Pfeffer abschmecken. Mit Petersilie bestreut servieren.

Tauschtipp: Wer die säuerliche Note nicht so gerne mag, sollte statt Schmand und Zitronensaft Schlagsahne verwenden! Auch lecker!

## Kresse-Pilz-Suppe

300 g Pfifferlinge, 2 Schalotten fein gewürfelt, 400 g Porree in Ringen, 40 g Butter, 2 Essl. Mehl, 1 Essl. Zitronensaft, 600 ml Gemüsebrühe, 150 ml Sahne, Salz, Pfeffer frisch gemahlen, 1 Schale Kresse.

Pfifferlinge putzen und klein schneiden. Butter in einem Topf zerlassen. Pilze zugeben und gut andünsten. Zwiebeln und Porree zugeben und unter Rühren 5 Minuten mitdünsten. Mehl einstreuen, mit Zitronensaft, Sahne und Brühe ablöschen. 10 Minuten köcheln lassen. Mit Gewürzen abschmecken und mit Kresse bestreut servieren!

Tipp: Auf die Suppe geröstete Weißbrotcroutons geben!

Tauschtipp: Zitronensaft weglassen, und statt 600 ml Brühe nur 450 ml mit 150 ml Weißwein verwenden!

# Klare Wildsuppe

1-2 kg ausgelöste Knochen vom Wild mit Fleischresten, 1 Bund Suppengemüse, 1 Tl. Wildgewürz, Stärke zum Binden, 100 ml Sahne geschlagen, Salz, Pfeffer, 2 Essl. gehobelte Mandeln geröstet, 2 cl Weinbrand, 200 g Steinpilze oder Pfifferlinge gewürfelt. 1 Essl. Butter.

Die Wildknochen so klein wie möglich teilen. Den Backofen auf 225° vorheizen, die Knochen auf einem Blech auslegen, in den Ofen geben und rösten, bis sie gut gebräunt sind. Das Suppengemüse putzen. Die Knochen mit dem Gemüse, dem Gewürz und 2 l Wasser auffüllen. 3-4 Stunden leicht köcheln lassen. Die Brühe absieben. Die Pilze in der Butter andünsten, bis das Wasser abgedampft ist. Weinbrand mit Pilzen zur Suppe geben und 15 Minuten köcheln lassen. Mit Salz und Pfeffer abschmecken und mit Stärke binden. Mit Mandelblättchen bestreuen und eine Sahne- haube aufsetzen.

**Tipp:** Ideale Einleitung für Wildmenues!

## Pilzcremesuppe mit Eilegierung

600 g Mischpilze, 3 Zwiebeln gewürfelt, 3 Essl. Butter, Salz, Pfeffer, 750 ml Gemüsebrühe, 2 Eigelb, 150 ml Sahne, 3 Essl. gehackte Petersilie.

Pilze putzen und klein schneiden. Butter in einem Topf zerlassen, die Pilze zugeben und unter Rühren köcheln lassen bis das Wasser beginnt, sich zu reduzieren. Mit Brühe auffüllen. Sahne mit Eigelb verquirlen. 4-6 Essl. Brühe unter die Sahne rühren und die Sahne zur Suppe geben. Nicht mehr Kochen, da sonst die Suppe gerinnt. Mit Salz und Pfeffer abschmecken und mit gehackter Petersilie bestreut servieren.

Schnell gemacht!

Tauschtipp: Hervorragend schmecken Schwammpilze. Es eignen sich auch Pfifferlinge und Champignons.

Tipp: Noch geröstete Weißbrotcroutons zur Suppe geben!

## Pilzcremesuppe mit Sellerie

400 g frische Champignons in Scheiben, 4 Stangen Staudensellerie in dünnen Scheiben, 2 Essl. Butter, 2 Zwiebeln gewürfelt, 2 Knoblauchzehen gehackt, 2 Essl. gehackte glatte Petersilie + einige Blätter, 2 Essl. geröstete Kürbiskerne, 150 ml Sahne, 750 ml Gemüsebrühe, 6 Essl. Instanthaferflocken, Salz und Pfeffer.

Die Butter in einem Topf zerlassen, die Pilze dünsten bis das Wasser eingedampft ist, dann herausnehmen. Den Sellerie hineingeben und dünsten. Zwiebeln und Knoblauch zugeben und kurz mitdünsten. Pilze wieder zugeben und mit Sahne und Brühe aufgießen. Mit Salz und Pfeffer abschmecken und 20 Minuten leicht köcheln lassen. Petersilie und Haferflocken einrühren und mit Petersilienblättern und Kürbiskernen belegt servieren.

## Artischockensuppe

6 Artischockenherzen aus der Dose, je 15 g getrocknete Spitzmorchelpilze und Mu-Err-Pilze, 2 Essl. Zitronensaft, 60 g Glasnudeln, 600 g Hähnchenbrustfilet, 8 Essl. Sesamöl, 3 Frühlingszwiebeln in Ringen, 2 Stängel getrocknetes Zitronengras, 1 ¼ l Hühnerbrühe, 4 Essl. Sojasauce, 3 Essl. trockener Sherry, 4 Stiele frischer Koriander.

Die Pilze gründlich unter fließendem Wasser abspülen. 180 ml Wasser erwärmen und die Pilze darin einweichen. Die Glasnudeln in reichlich kaltem Wasser einweichen.
In einer Pfanne das Öl erhitzen, das Hähnchenbrustfilet von beiden Seiten darin braten. Herausnehmen und warm halten. Die Frühlingszwiebelringe im restlichen Öl anbraten und herausnehmen. Die Artischocken je nach Größe vierteln oder achteln, in die Bratpfanne geben und von allen Seiten dünsten.
Die Glasnudeln in 5 cm lange Stücke schneiden. Die Pilze abgießen, das Wasser dabei auffangen. Die Pilze grob zerteilen.

Zitronengras waschen, trockentupfen und das trockene Ende entfernen. Sehr fein schneiden.

Die Brühe aufkochen. Das Pilzwasser, Pilze, die Artischocken, Glasnudeln, Frühlingszwiebeln und Zitronengras zugeben und alles erhitzen. Das Fleisch in mundgerechte Stücke schneiden, in die Brühe geben und mit Sojasauce und Sherry abschmecken.

Vom Koriander die Blätter abzupfen und zum Servieren auf die Suppe legen!

Lecker!

## Wintersche Steinpilzsuppe klar

400 g Kalbsknochen, 250 g Schweinerippchen, 1 Bund Suppengrün, Salz, Pfeffer, 1 Zwiebel grob gewürfelt, 1 Essl. Butter, 450 g Steinpilze gewürfelt, 2 Essl. gehackte Petersilie.

Die Kalbsknochen mit den Schweinerippchen und dem geputzten und gewürfelten Suppengrün in einen Topf geben. Gut mit Wasser bedecken und etwas Salz und Pfeffer dazugeben. Alles zum Kochen bringen und 2 Stunden abgedeckt leicht köcheln lassen. Die Brühe durch ein Sieb gießen und erkalten lassen, anschließend das gehärtete Fett abnehmen. In einem Topf die Butter schmelzen und die Zwiebeln glasig dünsten. Pilze dazugeben und 10 Minuten mitdünsten. Mit der Brühe ablöschen und mit Salz und Pfeffer abschmecken. Mit Petersilie bestreut servieren.

Variante: Nach dem Dünsten 2 Essl. Mehl zu dem Gemüse geben, mit Brühe ablöschen und vor dem Abschmecken noch 200 g Sahne zugeben. So wird daraus eine Cremesuppe!

# Salatschüssel

## Mexikanischer Fiesta Salat (6 Personen)

**Salat:** 4 Tassen gekochter Naturreis, 2 Gemüsezwiebeln in Ringen, 2 rote Paprikaschoten in dünnen Streifen, 1 Chilischote fein gehackt, 3 Tomaten gewürfelt, 20 frische Champignons in Scheiben, 150 g Hartkäse gehobelt (z.B.Parmesan).
**Dressing:** 300 g Saure Sahne, 5 Essl. Olivenöl, 1 Essl. Essig, 2 Knoblauchzehen ausgepresst, ½ Tl. Cayennepfeffer, ½ Tl. Koriander, Salz, 12 schwarze Oliven ohne Stein, einige Radieschen.

Reis, Zwiebel, Paprika, Chili, Tomaten und Pilze in einer Schüssel vermengen und ½ Stunde in den Kühlschrank stellen.
Für das Dressing Sahne, Olivenöl, Essig, Knoblauch, Cayennepfeffer, Koriander und Salz gut miteinander verschlagen. Oliven halbieren. Radieschen vierteln. Das Dressing unter den Salat heben. Die halbe Käsemenge unterheben und die andere Hälfte auf dem Salat verteilen. Mit Oliven und Radieschen garniert servieren.

Tipp: Mit frischem Fladenbrot anreichen!

## Steinpilzsalat

Salat: 200 g kleine frische sehr feste Steinpilze, 200 g Kalbsfilet, 125 g frischen Parmesan gehobelt, etwas Öl, 1 Bund Petersilie gehackt.
Dressing: 5 Essl. Olivenöl, 3 Essl. Zitronensaft, Pfeffer, Salz.

Pilze putzen und in sehr feine Scheiben schneiden. Das Filet in Öl von beiden Seiten gut anbraten. Innen sollte es noch rosa sein. Das Fleisch in feine Scheiben schneiden. In einer Schüssel Pilze, Kalbsfilet, Parmesan und Petersilie mischen. Erst direkt vor dem Servieren mit dem Dressing anmachen. Dazu das Olivenöl über den Salat geben, Zitronensaft darüber träufeln und zum Schluss mit Pfeffer und Salz abschmecken!

Eine köstliche Kostbarkeit! Serviervorschlag: Kleine Portionsschalen mit einem Salatblatt auslegen und den Salat portionsweise darin anrichten!
Tauschtipp: Statt Kalbsfilet Putenfleisch verwenden!

## Champignonsalat

250 g kleine frische Champignons, 2 kleine Stangen Porree, 1 Essl. Zitronensaft, 3 Essl. Olivenöl, ½ Tl. Salz.

Champignons und Porree putzen und in feine Scheiben schneiden. Pilzscheiben mit Zitronensaft mischen. Porree, Öl und Salz zufügen und untermischen. Im Kühlschrank eine halbe Stunde gut durchziehen lassen und dann servieren.

Tipp: 2 Essl. Sonnenblumenkerne rösten und vor dem Servieren über den Salat geben!

## Champignon-Mangold-Melonen-Salat

300 g Champignons in Scheiben, 300 g Mangold, 300 g Honigmelone.
Dressing: Saft ½ Zitrone, ½ Tl. Meersalz, 1 Essl. Olivenöl, 1 Essl. Walnussöl, 2 Essl. Sahnejoghurt, 1 Msp. Kräutersenf, weißer Pfeffer, ½ Tl. flüssiger Honig, 2 Tl. Gehackte Walnüsse.

Mangold waschen, trockentupfen und in Streifen schneiden. Melone schälen, entkernen und in kleine Würfel schneiden. Pilze, Mangold und Melonenwürfel in einer Schüssel vermischen. Alle Zutaten für das Dressing, bis auf die Nüsse, vermengen, bis sich das Salz aufgelöst hat. Das Dressing unter den Salat heben und mit Walnusskernen bestreut servieren.

Tipp: Etwas Putenbrust oder Schweinefilet grillen, in Streifen schneiden und noch warm über den Salat geben!

## Vitalsalat

Salat: 100 g Buchweizen (ganz), 2 Äpfel entkernt gestiftet, 1 Kohlrabi geschält fein gestiftet, 250 g Kürbisfleisch gestiftet, 200 g Champignons in Scheiben, 2 Möhren gerieben, etwas Kerbel, 2 Essl. Limettensaft, 3 Essl. Orangensaft, 2 Tl. abgeriebene Schale von Limetten.
Mayonnaise: 2 Eigelb, ½ Tl. Salz, 1 Tl. Zucker, 2 Essl. Limettensaft, 150 ml kalt gepresstes Öl, 1 Becher Sahnejoghurt.

Die Buchweizenkörner 20 Minuten in Wasser einweichen. Gut abspülen und auf einem Küchenkrepp gut abtropfen lassen. Die Körner in einer beschichteten Pfanne goldbraun rösten. Limettensaft und Schale mit Orangensaft in eine Schüssel geben, Obst und Gemüse hineingeben und vermengen. Für die Mayonnaise Eigelb, Salz, Zucker, Limettensaft mit einem Passierstab gut verquirlen. Auf höchster Stufe tröpfchenweise das Öl zugeben. Den Joghurt unterziehen. Kerbel hacken und unter den Salat mengen. Die fertige Mayonnaise erst kurz vor dem Servieren unter-heben und mit Buchweizen bestreut servieren!

## Zucchini-Champignonsalat auf Ruccolabett

Salat: 500 g Zucchini, 250 g Champignon, 8 Radieschen, 100 g Ruccola gewaschen.
Dressing: Saft einer Limette, 1 Tl. Zucker, Salz, 6 Essl. Kürbiskernöl, 75 g geröstete Mandelblättchen.

Zucchini waschen und in dünne Scheiben schneiden. Champignons waschen, putzen und in dünne Scheiben schneiden. Radieschen waschen, vom Wurzelende und Strunk befreien und in dünne Scheiben schneiden. Auf einer Platte zuerst den Ruccola auslegen, dann die Zucchinischeiben, weiter die Pilze und die Radieschen verteilen. Alle Zutaten für das Dressing gut verschlagen und gleichmäßig über den Salat träufeln. Anschließend mit Mandelblättchen bestreuen.

Tipp: Geben Sie noch etwas frisch gehobelten Parmesan auf den Salat!

# Grüner Pilzsalat

4 Steinpilze, 1 Tl. Zitronensaft, Salz, Pfeffer, 60 ml Kürbiskernöl, ½ Kopf Eisbergsalat, 150 g geriebener frischer Gouda, 4 Essl. geröstete Kürbiskerne.

Den Eisbergsalat in Streifen schneiden und auf einer Platte oder einzelnen Portionsschalen anrichten. Den Käse darüber verteilen. Steinpilze putzen und der Länge nach in Scheiben schneiden. Kürbiskernöl leicht erwärmen und die Pilze darin von allen Seiten dünsten. Nicht zu heiß werden lassen. Noch warm auf dem Salat verteilen. Den Sud in der Pfanne mit Zitronensaft, Salz und Pfeffer würzen und auf den Salat träufeln.
Mit Kürbiskernen bestreuen.
Der Salat kann mit noch leicht warmen oder auch erkalteten Pilzen serviert werden!

Lecker!

## Austernpilze mit Ruccola

250 g Austernpilze in dünnen Streifen, 4 Essl. Öl, Salz, Pfeffer, 125 g Feldsalat, 125 g Ruccolablätter.
Dressing: 2 gehackte Knoblauchzehen, 60 ml Kürbiskernöl, 3 Essl. dunkler Balsamicoessig, 2 Spritzer Süsstoff, 3 Essl. Pinienkerne geröstet.

Öl in einer Pfanne erhitzen und die Pilze darin dünsten. Wasser abdampfen lassen. Mit Salz, Pfeffer würzen und abkühlen. Den Salat jeweils waschen und trocken schleudern. In einer Schüssel mit Pilzen mischen. Für das Dressing Knoblauch, Kernöl, Essig, Süßstoff gut miteinander verschlagen und über den Salat geben. Mit Pinienkernen bestreuen und anreichen.

## Rohkost mit Avocadodip

Gemüse: 250 g Karotten fein gestiftet, 1 kleine Fenchelknolle dünn geschnitten, 250 g Kürbisfleisch gestiftet, 200 g Champignons in Scheiben, 1 Paprika gewürfelt, 2 Stangen Sellerie in dünnen Scheiben, etwas frische Kresse.
Dip: 1 Avocado, 175 g Sahnejoghurt, 5 Essl. Milch, 3 Essl. Instant-Haferflocken, 1 Knoblauchzehe ausgepresst, 1 Essl. Zitronensaft, Salz, Pfeffer.

Für den Dip die Avocado halbieren, entkernen. Das Fruchtfleisch auslösen und fein zerdrücken. In einer kleinen Schüssel Avocado, Joghurt, Milch, Haferflocken, Zitronensaft und Knoblauch miteinander glattrühren und mit Salz und Pfeffer abschmecken.
Das Gemüse auf einer Platte anrichten, dabei in der Mitte für eine kleine Glasschale etwas Platz lassen. Mit Kresse bestreuen. Den Dip in die Glasschale geben und in die Mitte der Platte stellen.

Tipp: Dazu passt auch frisches Brot!

# Rotsalat

400 g Rote Beete, 2 Orangen, 150 g Champignons, 50 g Feldsalat, 4 Essl. Walnusskerne geröstet, Saft von 1 Orange, Walnussöl, Pfeffer aus der Mühle.

Rote Beete schälen und in feine Stifte hobeln. Die Orangen filetieren, in kleine Stücke schneiden und zusammen mit dem austretenden Saft zu der Rote Beete mischen. Feldsalat waschen und gut abtropfen lassen. Pilze putzen und in Scheiben schneiden. Rote Beete-Mischung abtropfen lassen und auf kleine Teller setzen. An eine Seite den Feldsalat in Büscheln und auf die andere Seite die Pilze legen. Die gerösteten Kerne darüber verteilen. Ein Dressing aus Orangensaft, Öl und Pfeffer herstellen und über den Salat geben.

## Bohnensalat

350 g dicke weiße Bohnen, 300 g Champignons geviertelt, Salz, 4 Knoblauchzehen gehackt, 4 Frühlingszwiebeln in Ringen, ½ Bund Koriandergrün, 4 Essl. Balsamicoessig, 8 Essl. Olivenöl, Salz, Pfeffer, 1 kleine rote Chilischote.

Bohnen über Nacht mit reichlich Wasser einweichen. Pilze in 2 Essl. Öl dünsten, bis sich das Wasser wieder reduziert. Die Bohnen mit dem Wasser zum Kochen bringen und 1 Stunde köcheln lassen. Etwas Salz zugeben, wenn sie weich werden. Abgießen und noch warm in einer Marinade aus Essig, Olivenöl, Salz, Pfeffer und gehacktem Knoblauch wenden. Die Frühlingszwiebel und die Pilze untermengen und den Salat 2 Stunden ziehen lassen. Das Koriandergrün hacken und untermengen. Die Chilischote fein hacken, untermengen und servieren.

# Hauptgerichte

## Currygeschnetzeltes

450 g Schweineschnitzel, Curry, Salz, Pfeffer, Instantbrühe, 200 g Sahne, 450 g Champignons, 3 Essl. Butter, 3 Essl. Mehl.

Das Fleisch in dünne Streifen schneiden und in einer Schüssel mit dem Mehl mischen. In einer Pfanne 2 Essl. Butter schmelzen und unter Rühren das Fleisch anbraten. Mit Wasser ablöschen. Separat in der restlichen Butter die geviertelten Pilze dünsten bis das Wasser verdampft ist und dann zu dem Geschnetzelten geben. Sahne zugeben und 20 Minuten köcheln lassen. Mit Salz, Pfeffer, Curry und Instantbrühe abschmecken.

Geht schnell!

Tipp: Dazu kann Reis gereicht werden.

Variante: Curry kann auch weggelassen werden.

## Hawaii-Gulasch

4 Essl. Öl, 750 g Schweinegulasch, ¼ l Sahne, 40 g Mehl, ½ kleine Dose Ananasstücke, 1 kleines Glas Champignos, 3 Essl. Sojasauce, 2 Tl. Curry, Salz, Pfeffer, ¼ l Flüssigkeit von Pilzen und Ananas.

Öl in einem Topf erhitzen und das Gulasch darin anschmoren. 1 Tl. Curry zugeben und mit der Flüssigkeit ablöschen. Im geschlossenen Topf unter Rühren 20 Minuten köcheln lassen. Sahne, Sojasauce und Pilze einrühren und weitere 20 Minuten schmoren. Den Topf vom Herd nehmen, Mehl und Ananas einrühren und mit Salz, Pfeffer und Curry abschmecken. 5 Minuten köcheln lassen und dann servieren.

Als Beilage kann Reis gereicht werden!

Tipp: Ein Partyrezept, da gut vorzubereiten und auch für viele Gäste leicht zu machen!

## Wiemersdorfer Waldpilzpfanne mit Thüringer Klößen nach Kohnscher Art

Pilzpfanne: 700 g gemischte Waldpilze, 2 Zwiebeln gewürfelt, 100 g gewürfelter Speck, 4 Essl. Butter, Salz, Pfeffer, 4 Essl. gehackte Petersilie, 200 ml Sahne.
Thüringer Klöße: 2 kg mehlig kochende Kartoffeln, Salz, 2 Essl. Kartoffelstärke.

Für die Klöße die Kartoffeln schälen und die Hälfte in einem Topf mit etwas Salz gar kochen. Für die andere Hälfte eine Küchenmaschine mit Reibescheibe oder Standreibe bereitstellen. Einen 5 l-Topf zu 2/3 mit Wasser befüllen Salz hineingeben und zum Sieden bringen. Kurz vor dem Ende der Garzeit der Kochkartoffeln die rohen Kartoffeln fein reiben. Die Kochkartoffeln gut abdampfen lassen, mit einem Kartoffelstampfer fein zerdrücken und zusammen mit der Stärke zu der rohen Kartoffelmasse geben. Gut mit den Händen vermischen und Klöße formen. In das siedende Wasser geben. Sobald die Klöße oben schwimmen sind sie gut.

Fertig gegarte Klöße können im Backofen bei 120° warmgehalten werden.

Für die Pilzpfanne die Pilze putzen und in nicht allzu dünne Scheiben schneiden. Die Butter in einer Pfanne zerlassen und die Zwiebeln darin glasig dünsten. Pilze und Speck zugeben und die Pfanne abdecken. Ca. 20 Minuten köcheln lassen. Sahne zugeben und mit Salz und Pfeffer abschmecken. Noch einige Minuten offen köcheln lassen und mit Petersilie bestreut zu den Klößen reichen.

Tipp 1: Die Klöße können noch mit gerösteten Weißbrotcroutons gefüllt werden.
Tipp 2:Sollten welche übrig bleiben, können Sie in Scheiben geschnitten in Butter aufgebraten werden. Köstlich!
Für die Pilzpfanne eignen sich am Besten Schwammpilze, wie Steinpilze und Butterpilze. Auch Tiefkühlware kann für das Rezept verarbeitet werden.
Es handelt sich um ein uraltes Familienrezept, das wirklich die Mühe lohnt! Auch die Klöße, selbst gemacht, schmecken hervorragend!

## Pilzomelette

250 g Champignons in Scheiben, 2 Essl. gehackte Petersilie, eine Büschel frische Kresse, 5 Eier, 50 ml Milch, Salz, Pfeffer, Butter, 1 Zwiebel gewürfelt, 100 g alter Gouda gerieben.

Champignons bei kleiner Hitze in einer Pfanne dünsten, bis das Wasser abgedampft ist. Zwiebeln zugeben und kurz dünsten. Eier mit Petersilie, Milch, Salz, Pfeffer ausgiebig verquirlen. Eiermasse in die Pfanne geben und stocken lassen. Mit geraspeltem Käse bestreuen, so dass er noch leicht schmilzt. Mit Kresse belegt servieren.

Tipp: Dazu Brot oder auch frischen Salat reichen!

# Kürbis-Pilzrisotto

2 Tassen weißer Reis, 300 g Champignons in Scheiben, 100 g grüne Erbsen gekocht, 2 Zwiebeln gewürfelt, 300 g Kürbis in Würfeln, 100 g Butter, 125 g frisch gehobelter Parmesan, 2 Essl. gehackte Petersilie, Pfeffer, Salz, 2 Tassen Hühnerbrühe, 2 Tassen Wasser, 1 Tasse Weißwein.

Reis in einen Topf geben, Wasser, Brühe, und Wein zufügen, abdecken und zum Kochen bringen. Die Herdplatte ausstellen und den Topf noch 15 Minuten auf dem Herd belassen. In einem weiteren Topf die Butter zerlassen und die Pilze gut andünsten, bis das Wasser zur Hälfte abgedampft ist. Zwiebeln und Kürbis kurz mitdünsten. Der Kürbis sollte nicht matschig werden. Die Kürbis-Pilzmasse mit den Erbsen zu dem Reis geben und untermengen. Mit Salz und Pfeffer abschmecken und Petersilie zufügen. Vor dem Servieren den Parmesan darüber geben.

Tipp: Dazu eine Tomatensauce oder frisches Weißbrot reichen!
Tauschtipp: Lecker auch mit Pfifferlingen!

## Rehrückenfilet mit Waldpilzhaube

650 g Rehrückenfilets (ausgelöst gewogen)
Marinade: 3 Knoblauchzehen, 1 Essl. Wacholderbeeren, 100 ml Olivenöl, ½ Tl. Salz, 1 Tl. Zitronensaft.
Pilzhaube: 500 g gemischte Pilze, 3 Essl. Butter, Salz, Pfeffer, 2 Schalotten gewürfelt, 2 Essl. Petersilie, 2 Essl. Schinkenwürfel.

Das Fleisch von der Sehne befreien und mit einem Küchenkrepp trockentupfen. In ein kleines Gefäß den abgezogenen Knoblauch, Beeren, Öl, Salz und Pfeffer geben. Mit einem Passierstab auf höchster Stufe zu einem dicken Brei rühren. Das Rehrückenfilet damit rundherum einstreichen und 3-4 Stunden kühl stellen. In 4 gleich große Stücke zerteilen und grob abtropfen.
Eine Pfanne auf die Herdplatte stellen, auf höchster Stufe vorwärmen und Filets von beiden Seiten jeweils 5 Minuten scharf anbraten.
**Achtung: Auf Spritzschutz achten!**
Im vorgeheizten Backofen bei 130° 5-10 Minuten ruhen lassen.

In der Zwischenzeit die Butter zerlassen, und die Pilze gut dünsten, bis das Wasser eingedampft ist. Die Zwiebeln zugeben und glasig dünsten. Die Schinkenwürfel zugeben und kurz mitziehen lassen.

Das Wildfilet auf vorgewärmte Teller geben und mit der Pilzmischung bedecken.

Dazu Kroketten und Gemüse reichen!

Lässt sich gut vorbereiten!

Tipp: Aus den ausgelösten Knochen kann eine Wildsuppe als Vorsuppe vorbereitet werden. Das Rezept dazu steht unter „Suppenküche“: Klare Wildsuppe!

## Bandnudeln mit Steinpilzrahmsauce

500 g Bandnudeln
Sauce: 350 g Steinpilze, 2 Essl. Butter, 1 Zwiebel gewürfelt, 200 g Sahne, Salz, Pfeffer, 1 Essl. gehackte Petersilie.

Nudeln in kochendes Salzwasser geben und nach Vorschrift garen. Die geputzten und vorbereiteten Pilze mit den Zwiebeln in einen Topf mit der inzwischen zerlassenen Butter geben. Dünsten, bis das Wasser austritt, dann mit Sahne aufgießen und mit Salz und Pfeffer abschmecken und 10 Minuten einköcheln lassen. Nudeln auf Tellern anrichten und die Sauce darüber verteilen. Mit Petersilie bestreut servieren.

Tauschtipp: Es können sowohl Pfifferlinge als auch Champignons verwendet werden!

## Luftige Kartoffeln mit Pfifferlingssauce

Sauce: 200 g Pfifferlinge, 40 g Butter, 150 ml trockener Weißwein, Salz, Pfeffer, 1 Essl. grüner Pfeffer, 150 ml Sahne, 1 Zwiebel gewürfelt.
Kartoffeln: 500 g Kartoffeln, 150 ml Milch, 4 Eigelb, Salz, Pfeffer, Muskat, 4 Eiweiß, Butterschmalz.

Die Kartoffeln schälen, gar kochen und zerstampfen. Die Milch erwärmen, das Eigelb zugeben und gut verrühren. Mit Gewürzen abschmecken. Das Eiweiß steifschlagen und unterziehen. Butterschmalz in einer Pfanne zerlassen, mit einem Essl. Nocken von der Kartoffelmasse abstechen in die Pfanne geben und ausbacken. Gegarte warm halten. In der Zwischenzeit Butter in einer Pfanne zerlassen, die zerkleinerten Pilze mit Zwiebel dünsten und mit Wein und Sahne ablöschen. 20 Minuten einköcheln lassen und mit Salz und Pfeffer abschmecken. Sofort zu den Nocken servieren.

Tauschtipp: Es können auch Schwammpilze oder Champignons verwendet werden.

## Pilzragout

800 g Pilze, 80 g Butter, 2 mittelgroße Zwiebeln fein gewürfelt, 200 g Sahne, 1 Essl. Mehl, Salz, Pfeffer, 1 Essl. Petersilie gehackt, 150 g Erbsen gegarte Erbsen, 1 Tl. Zitronensaft.

Pilze putzen und grob zerteilen. Butter in einem Topf zerlassen und die Pilze dünsten. Zwiebeln einige Minuten mitdünsten Mehl zugeben und mit Sahne ablöschen. Erbsen zugeben und mit den Gewürzen abschmecken. Das Ragout mit gehackter Petersilie bestreut servieren.

Tipp: Das Ragout passt zu Nudeln, Fleisch, Fisch, und sehr lecker auch zu Blätterteigpasteten und Reis!

Tauchstipp: Es können Schwammpilze, Pfifferlinge oder Champignons verwendet werden.

# Schnelles Spargelfrikassee

1 Glas Pfifferlinge, 1 Essl. Butter, 1 Essl. Schinkenwürfel, 1 Essl. gehackter Schnittlauch, 250 ml Sauce Hollandaise, 1 kg Spargel, Pfeffer, Salz.

Spargel in mundgerechte Stücke schneiden und mit etwas Zucker und Salz in Wasser zum Kochen bringen. Nicht zu weich kochen! Pfifferlinge über einem Sieb abtropfen lassen, Flüssigkeit auffangen. Die Pilze etwas zerkleinern. Butter zerlassen, Pilze mit Schinkenwürfeln dünsten. Hollandaise separat in einem Topf erhitzen, die Pilzmischung zufügen und 4 Essl. Pilzsaft unterrühren. Den gut abgetropften Spargel zugeben und in der Sauce etwas ziehen lassen. Mit Gewürzen abschmecken und mit Schnittlauch bestreut anreichen. Dazu Reis servieren.

## Buchweizenplinsen mit Pilzen

Teig: 250 g Buchweizenmehl, 20 g Hefe, 450 ml Milch, ½ Tl. Salz, 3 Eier, Öl zum Ausbacken.
Füllung: 700 g Schwammpilze, 2 Zwiebeln gewürfelt, 3 Essl. Butter, Salz, Pfeffer.
Sauce: 300 ml Sahne, 100 g Kräuterschmelzkäse, 4 Essl. gewürfelter Schinken, Pfeffer, 1 Essl. Mehl.

Aus den Zutaten für den Teig einen Hefeteig bereiten und ruhen lassen. Nochmals durchkneten und die Plinsen nach und nach ausbacken. Warmhalten. Für die Füllung die Pilze putzen, die Butter in einem Topf zerlassen, die Pilze dünsten, bis das Wasser zur Hälfte eingedampft ist. Zwiebeln zugeben und leicht mit Salz und Pfeffer abschmecken. Für die Sauce das Mehl mit der Sahne verrühren und zusammen mit dem Schmelzkäse und Schinken in einen Topf geben. Unter ständigem Rühren leicht köcheln lassen. Etwas Pfeffer zugeben. Auf jeden Teller jeweils eine Plinse legen, auf deren untere Hälfte Pilze geben, umklappen, und dann mit Sauce überziehen.
Tipp: Dazu frischen Salat reichen!

## Rehgulasch mit Pfifferlingen

400 g Fleisch vom Reh, 2 Zwiebeln gewürfelt, 1 Tl. Wildgewürz, 400 g Pfifferlinge, 4 Essl. Butter, 6 cl trockener Sherry, 125 g Creme Fraiche, 2 Essl. Mehl, Salz, Pfeffer.

Das Fleisch in kleine Stücke schneiden. Die Pilze Je nach Größe zerteilen. Die Butter in einem Topf zerlassen, die Pilze zugeben und dünsten. Herausnehmen und in der restlichen Butter die Zwiebeln glasig dünsten. Auf hoher Stufe dann das Rehfleisch unter Rühren scharf anbraten und mit Wasser und Sherry ablöschen. Mit Salz, Pfeffer und Wildgewürz abschmecken und 1 Stunde leicht köcheln lassen. Dann die Pilze wieder zugeben und die Creme Fraiche einrühren. Noch 20 Minuten köcheln lassen und abbinden.
Dazu können Kroketten, Spätzle oder Salzkartoffeln gereicht werden!

Tauschtipp: Statt Pfifferlingen Steinpilze verwenden!

## Hähnchen mit Calvados

1 Hähnchen (ca. 1,5 kg), 5 Essl. Öl, Salz, Pfeffer, 150 g Schalotten gewürfelt, 6 cl Calvados, 250 ml Cidre, 2 Essl. Butter, 500 g Champignons in Scheiben, 3 Äpfel gewürfelt, Fett für die Form, 200 g Creme Fraiche. Petersilienblätter.

Das Hähnchen in mehrere Teile zerteilen. In Öl anbraten, mit Salz und Pfeffer würzen, mit Calvados übergießen und flambieren. Cidre zugeben und 35 Minuten schmoren. 2 Essl. Butter in einem Topf zerlassen, die Pilze schmoren, bis das Wasser eingedampft ist. Äpfel zugeben und dünsten. Mit Salz und Pfeffer abschmecken. Hähnchen aus dem Sud nehmen und warmhalten. Pilzmasse einrühren, Creme Fraiche unterziehen und die Sauce 15 Minuten einköcheln lassen.

Tipp: Dazu passt ein frischer Salat oder auch Reis.

# Schnelle Käsespätzle

500 g Spätzle, 300 g Steinpilze, 2 Zwiebeln gehackt, Butter, Salz, Pfeffer, 2 Essl. gehackte Petersilie, 200 g frischer Parmesan gehobelt.

Die Spätzle in kochendes Salzwasser geben und nach Vorschrift weichkochen. Die Pilze putzen und klein schneiden. In einem Topf die Butter zerlassen, die Pilze nur kurz dünsten. Zwiebeln zugeben und mit Salz und Pfeffer abschmecken. Die fertig gegarten Spätzle mit 3 Essl. Butter und Petersilie vermengen, die Pilzmasse unterrühren. Noch heiß in eine vorgewärmte Schüssel geben und mit dem gehobelten Käse belegen. Sofort servieren.
Dazu einen Salat reichen!

## Roter Spaghettitraum

400 g Spaghetti, 300 g Rote Beete (geputzt gewogen), 4 Essl. Butter, 300 g Champignons, 250 g Schmand, Salz, Pfeffer, 1 Essl. gehackte Petersilie, 2 gehackte Knoblauchzehen.

Die Nudeln in kochendem Salzwasser mit etwas Öl bissfest garen. Die Rote Beete schälen, und mit einem Hobel in feine Stifte hobeln. 2 Essl. Butter in einem Topf zerlassen und die Rote Beete-Stifte darin 7-8 Minuten dünsten. Warmhalten. Die Pilze putzen und in Scheiben schneiden. Die restliche Butter zerlassen, die Pilze darin dünsten, bis das Wasser reduziert ist. Den Knoblauch kurz mitdünsten. Mit Salz und Pfeffer abschmecken und die Pilzmischung unter den Schmand rühren. Evtl. nachwürzen. Die Nudeln auf vorgewärmten Tellern anrichten. Rote Beete darauf verteilen und in die Mitte die Pilzcreme setzen. Mit Petersilie bestreut zügig anreichen.

## Zwiebelrahmschnitzel

4 Schnitzel (je ca. 150 g), 2 Essl. Butter, 400 g Champignons in Scheiben, 300 ml Sahne, 200 ml Milch, Öl, 1 Tüte Zwiebelsuppe, 2 Zwiebeln in Ringen, Salz, Pfeffer.

Schnitzel in Öl braten und warm halten.
In der Pfanne die Butter zerlassen, die Pilze anbraten, die Zwiebeln zugeben und mitdünsten. Zwiebelsuppe mit der Sahne und Milch. Pilzgemisch mit Sahne ablöschen und 10 Minuten unter Rühren leicht köcheln lassen. Evtl. noch etwas nachwürzen. Jeweils auf einem Teller ein Schnitzel anrichten und mit Sauce übergießen.
Dazu einen Salat und Spätzle reichen.

Tipp: Das ideale Partyrezept! Dann sollten die Schnitzel in einem Bräter geschichtet und mit der Sauce übergossen werden!

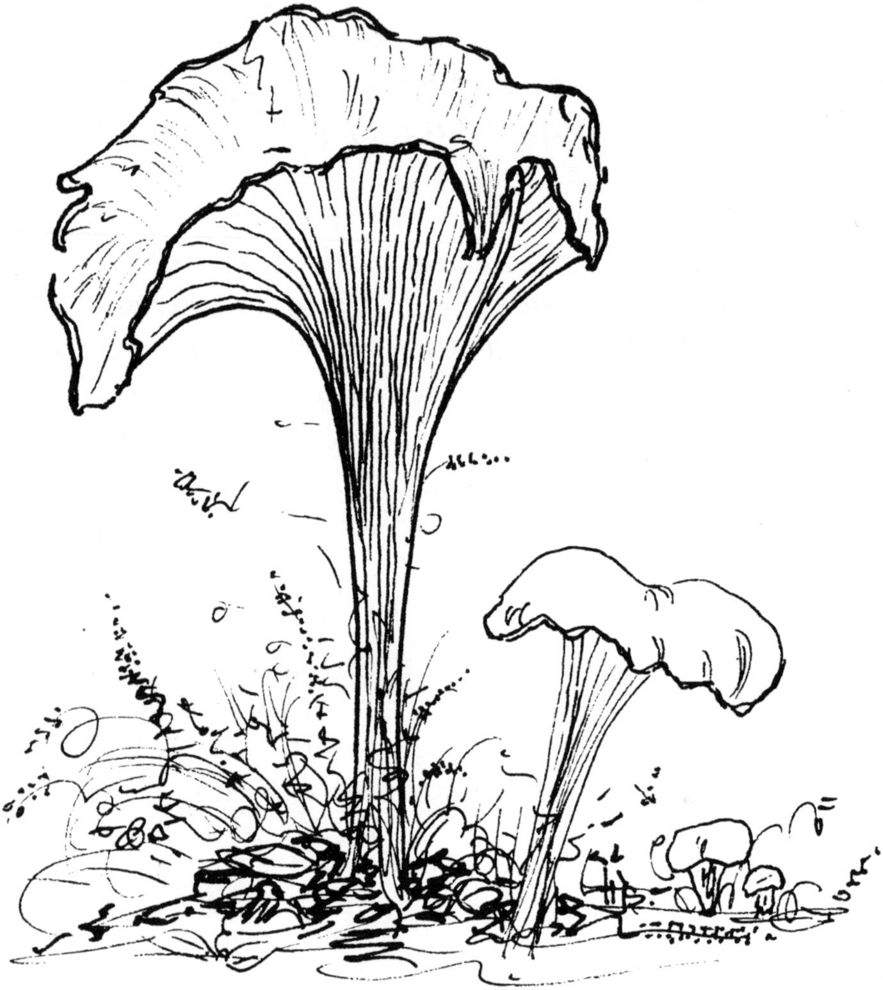

# Beilagenzauber

## Ratatouille aus dem Wok

1 große Gemüsezwiebel halbiert in Ringen, 1 Paprika gewürfelt, 300 g Zucchini in Scheiben, 1 kleine Aubergine gewürfelt, 200 g Champignons in Scheiben, 10 Tomaten, Olivenöl, Rosmarin, Thymian, Nelkenpulver, Salz, Pfeffer, Paprika.

Tomaten vom Strunk befreien und würfeln. Das Öl im Wok erhitzen, Zwiebel dünsten und an den Rand schieben. Nacheinander jetzt Paprika, Zucchini, Aubergine, Champignons, Tomaten dünsten und an den Rand schieben. Zum Schluss alles vermengen und mit Gewürzen abschmecken.

Tipp: Mit Weißbrot ein leichtes Gericht! Aber auch als Beilage zu Fleisch .

# Pfifferlingsauce

200 g Pfifferlinge, 200 ml Sahne, 1 kleine Zwiebel gewürfelt, 2 Essl. Butter, Salz, Pfeffer, 2 Essl. Mehl. 1 Essl. Petersilie gehackt.

Die Pilze putzen und ein kleine Stücke schneiden. Die Butter in einem kleinen Topf zerlassen und die Zwiebel darin glasig dünsten. Die Pilze zugeben und 10 Minuten unter gelegentlichem Umrühren schmoren. Das Mehl einstreuen und mit der Sahne ablöschen. Rühren, bis eine glatte Sauce entstanden ist. Mit Salz und Pfeffer abschmecken und mit Petersilie bestreut anreichen.

Tipp: Passt zu Fleisch und Nudelgerichten!

Tauschtipp: Auch frische Champignons oder Steinpilze können verwendet werden!

# Champignonbeutel

500 g Champignons geviertelt , 2 Essl. Butter, 250 g Zucchini in Scheiben, 250 g Aubergine (geputzt gewogen) in Würfeln, 8 Knoblauchzehen, Salz, Pfeffer, Olivenöl. Petersilie. Alufolie.

Champignons in Butter dünsten, bis sie weich sind und das Wasser abgedampft ist. Knoblauch abziehen und grob hacken. In einer Schüssel das Gemüse mit Knoblauch mischen und mit Salz und Pfeffer abschmecken. Kleine Stücke von Alufolie vorbereiten (ca. 20x20 cm). Jeweils 2 Essl. Gemüse in die Mitte setzten, etwas Olivenöl dazugeben, mit Petersilie bestreuen und diese nach oben zudrehen. Die Champignonbeutel im vorgeheizten Backofen bei 180° (unten) ca. 20 Minuten garen.

Tipp: Ideale Beilage für Grillgut (können auf dem Grill gegart werden, sofern Platz ist.) Oder auch zu Fleisch, Fisch und Fondue!

## Braunkappenchampignons in Bierteig

700 g Braunkappenchampignons, 150 g Mehl, 1 Ei, 150 ml Bier, Salz, 1 l Fett zum Frittieren.

Champignons kurz waschen und gut abtupfen. Aus Mehl, Ei, Bier und etwas Salz einen dickflüssigen Teig herstellen, die Pilze hineingeben und vermengen. Das Fett in einen Topf geben und erhitzen. Die Pilze nach und nach ausbacken. Fertige Pilze im Backofen bei 120° warm halten.

Als Beilage für Fleisch und auf einem Bufett geeignet!

Tipp: Dazu eine Schmandcreme mit Knoblauch und Kräutern reichen!

## Kartoffel-Pilz-Mus

1 kg festkochende Kartoffeln (geputzt gewogen), 4 Essl. Butter, 250 g Mischpilze, 50 g gewürfelter Speck, Salz, Pfeffer, 100 g Schmand, 1 Tl. Saft einer Zitrone, 3 Essl. gehackte Petersilie.

Kartoffeln mit Salz gar kochen, gut abdampfen und warm halten. Pilze putzen, klein schneiden. Butter in einem Topf zerlassen und die Pilze bei mittlerer Hitze zusammen mit dem Speck dünsten, bis die Flüssigkeit eingedampft ist. Die Kartoffeln mit einem Stampfer zermusen, die Pilzmasse zugeben, untermengen und mit Salz und Pfeffer abschmecken. Mit Petersilie bestreut anreichen.

Passt zu Fleisch und Fisch!

Tauschtipp: Es können ebensogut Pfifferlinge, Steinpilze, Butterpilze oder auch Champignons verwendet werden!

## Pilzbutter

50 g Champignons, ½ Tl. Zitronensaft, 150 g Butter, Salz, Pfeffer, 1 Tl. Butter.

Pilze putzen, sehr fein schneiden. Tl. Butter in einem Topf zerlassen und die Pilze zusammen mit dem Zitronensaft andünsten, bis das Wasser abgedampft ist. Mit Salz und Pfeffer abschmecken. Die zimmerwarme Butter in kleine Stücke zerteilen und zusammen mit den Pilzen in eine kleine Schüssel geben. Mit einem Passierstab ausgiebig zu einer glatten Masse verarbeiten. Evtl. noch abschmecken.

Tipp: Als Beilage zu gegrilltem oder kurzgebratenem Fleisch, zum Würzen von Saucen.

## Austernpilzgemüse

450 g Austernpilze in Streifen, 3 Fleischtomaten, 1 große Gemüsezwiebel in Würfeln, 2 Zucchini gewürfelt (300 g) gewürfelt, 3 Knoblauchzehen gehackt, Salz, Pfeffer, Olivenöl, 2 Essl. gehackte Petersilie.

In einem Topf etwas Salzwasser zum Kochen bringen, die Tomaten 2 Minuten überbrühen, die Haut abziehen, den Strunk entfernen und würfeln. In etwas Öl die Pilze andünsten, herausnehmen und zur Seite stellen. Zwiebeln und Knoblauch kurz andünsten, Zucchini und Tomaten zugeben und 4-5 Minuten dünsten. Pilze wieder zufügen und mit Salz und Pfeffer abschmecken.

Tipp: Wird als Beilage zu Fisch und Fleisch gereicht, oder als leichtes Sommergericht mit Reis serviert.

## Waldkroketten

300 g Mischpilze, 40 g Butter, 50 g Mehl,1 Schalotte fein gewürfelt, Pfeffer, Salz, 250 g Kartoffelmus, 1/8 l Milch, 2 Eier, Muskat. 1 Essl. Petersilie gehackt.
Panade: Mehl, 2 Eier, Semmelbrösel.
Fett zum Ausbacken.

Pilze sehr klein schneiden. Butter in einem Topf zerlassen, Pilze gut andünsten, bis das Wasser wieder einköchelt. Zwiebel zugeben und kurz mitdünsten. Mit Mehl bestäuben. Unter Rühren mit Milch ablöschen, die Eier hinzufügen. Das Kartoffelmus untermengen und mit den Gewürzen abschmecken. Die Masse auskühlen lassen. Daraus kleine Rollen formen und nacheinander in Mehl, verquirltem Eiern und Semmelbrösel wälzen. Diese kleinen Krokettenrollen in Fett ausbacken.

Tipp: Passt gut zu Geflügel, zu Wildgerichten oder festlichen Menues!

## Shii-Take-Pilze in Rosmarinöl

700 g Shii-Take-Pilze, 4 Knoblauchzehen, 80 ml Sonnenblumenöl, 1 Essl. Rosmarinnadeln, Pfeffer, Salz, 1 Essl. Zitronensaft.

Knoblauchzehen schälen und in feine Streifen schneiden. Die Pilze putzen, Hüte ganz lassen, die Stiele herausdrehen und hacken. Das Öl in die Pfanne geben, den Knoblauch 4 Minuten dünsten dann aus der Pfanne nehmen. Pilze und Gehacktes hinzufügen und so lange dünsten, bis alle Flüssigkeit eingedampft ist. Rosmarinnadeln waschen, und fein hacken. Kräuter und Knoblauch zur Pilzpfanne geben, mit Salz und Pfeffer abschmecken und mit Zitronensaft beträufeln.

Tipp: Passt als Beilage zu Fleisch und zu Raclette

## Semmelknödel

500 g Pilze klein geschnitten, 500 g altbackenes Weißbrot, 300 ml Milch, 3 Eier, 120 g Mehl, 4 Essl. gehackte Petersilie, 2 Essl. Butter, Salz, Pfeffer.

Das Brot würfeln, in Milch einweichen. Butter in einem Topf zerlassen, die Pilze dünsten, bis das Wasser eingedampft ist. Mit Salz und Pfeffer abschmecken. Aus den Brötchen die überflüssige Milch ausdrücken. In einer Schüssel die Brötchen mit Eiern, Mehl, Petersilie, Pilzmischung, Salz und Pfeffer gründlich vermengen. Klöße formen und diese 15 Minuten in siedendes Wasser geben. Nicht kochen!

Tipp: Als Beilage zu Fleisch. Es eignen sich besonders Schwammpilze, Pfifferlinge und Champignons.

Und so wird ein Hauptgericht daraus: Die fertigen Klöße mit zerlassener Butter übergießen und dazu eine frische Salatbeilage reichen!

## Kürbis-Pilz-Gemüse

800 g Kürbisfleisch, 400 g Champignons, 3 Essl. Balsamicoessig, 2 Zwiebeln gewürfelt, 2 rote Paprika gewürfelt. 50 g Butter, 2 Essl. Dill, Pfeffer, Salz, 250 ml Fleischbrühe, 200 g Schmand, 40 g Mehl, 3 Essl. gehackte Petersilie.

Kürbis schälen, entkernen und in kleine Stifte schneiden. Pilze putzen je nach Größe vierteln oder halbieren. Die Hälfte der Butter in einem Topf zerlassen, die Pilze dünsten, bis das Wasser eingedampft ist. Kürbisschnitze und Pilze in dem Essig 20 Minuten marinieren. Restliche Butter zerlassen, Zwiebeln glasig dünsten und das ganze Gemüse zugeben und dünsten. Mit Brühe angießen. Schmand mit Mehl verrühren, zum Gemüse geben und mit den Gewürzen abschmecken. Mit Petersilie bestreut servieren.

Tipp: Passt zu jedem Fleisch!

# Backofenvariationen

# Chinakohlrouladen auf Champignonbett
(4-6 Personen)

1 kg Chinakohl, 750 g Champignons geviertelt, 250 g Frühlingszwiebeln in Ringen, 1 Ei, Sojasauce, 4 Essl. Butter, 450 g Hähnchenbrustfilet, Salz, Pfeffer, 200 g Sahne, etwas Speisestärke.

Die 12 größten Blätter vom Chinakohl entfernen und kurz 2 Minuten in kochendem Salzwasser blanchieren. Restlichen Kohl klein schneiden. Für die Füllung das Hähnchenbrustfilet in dünne Streifen schneiden. 2 Essl. Butter in einem Topf zerlassen und das Fleisch darin anbraten. In einer Schüssel das Fleisch mit Ei und Gewürzen abschmecken und die Rouladen damit füllen. Aufrollen und beiseite stellen. Die Champignons in der restlichen Butter in einem geschlossenen Topf andünsten. Mit Salz und Pfeffer abschmecken und Kohl und Zwiebeln zugeben. Über einem Sieb abtropfen lassen und das Gemüse in eine ausgefettete Form geben und die Rouladen bei 175° (unten) 40 Min. backen.

Den Gemüsesaft mit der Sahne mischen und 10 Minuten leicht köcheln lassen. Mit Gewürzen abschmecken und mit der Stärke abbinden. Vor dem Servieren die Sauce über das Gericht geben. Dazu können Salzkartoffeln gereicht werden.

## Putenkeule mit Pfifferlingsauce (4-6 Personen)

1,5 kg Putenoberkeule, 50 g durchwachsener Speck gewürfelt, 2 Zwiebeln gewürfelt, 5 Essl. Öl, 5 Essl. Sherry, ¼ l Hühnerbrühe, 250 g Pfifferlinge, 150 ml Sahne, Salz, Pfeffer, 2 Essl. Speisestärke.

Putenkeule waschen, trockentupfen und in einer Pfanne von allen Seiten in Öl gut anbraten. Salz und Pfeffer darüber streuen und in eine hohe Form geben. Die Hälfte der Zwiebelwürfel zugeben und mit Sherry und Hühnerbrühe auffüllen. Bei 180° (unten) 1,5 Stunden backen. Ab und zu wenden. Kurz vor Ende der Garzeit die Pfifferlinge in der Pfanne im Öl anbraten, den Speck und Zwiebelwürfel zugeben. Die Pute aus der Form nehmen und den Sud durch ein Sieb passieren und zu den Pilzen geben. Mit Sahne und evtl. mit Gewürzen abschmecken. Die Sauce mit der Stärke binden und zusammen mit der Putenkeule anreichen.

Tipp: Dazu können Herzoginkartoffeln und grüne Bohnen gereicht werden!

## Buchweizenplatte (6 Personen)

Bw.-Platte: 300 g Zwiebeln in Ringen, 300 g Möhren in Scheiben, 40 g Butter, 1 Essl. Majoran, 350 g Buchweizen, 2 Knoblauchzehen gehackt, ½ l Gemüsebrühe, Salz, Pfeffer, 5 Eier, ¼ l Sahne, 6 Essl. Buchweizengrütze, 800 g Champignons, 80 g Butter.
Schmandcreme: 300 g Schmand, Salz, Pfeffer, 2 Essl. gehackte Petersilie.

Buchweizen in einer beschichteten Pfanne kurz anrösten. In einem Topf die Butter zerlassen. Zwiebeln, Möhren, Knoblauch und Buchweizen zugeben und vermengen. Mit Brühe ablöschen. 15 Minuten unter Rühren leicht köcheln lassen. Eier, Sahne verschlagen und unter die Masse mischen. Mit Salz, Pfeffer und Majoran abschmecken. Eine Fettpfanne mit etwas Öl ausstreichen und 3 Essl. Buchweizengrütze bestreuen. Die Teigmasse gleichmäßig verteilen. Die Pilze in der Butter dünsten, mit Salz und Pfeffer abschmecken, 3 Essl. Grütze unterrühren und auf der Platte verteilen. Im vorgeheizten Backofen bei 180° (unten) 45 Minuten backen.

## Putensahneschnitzel

800 g Putenschnitzel in dünnen Scheiben, etwas Öl, 3 Zwiebeln, 1 kg Champignons in Scheiben, 1 l Sahne, 2 Essl. Mehl, Salz, Pfeffer, 150 g geriebener Emmentaler, 3 Essl. Butter.

Am Vorabend das Fleisch von beiden Seiten gut anbraten. Die Butter in einer Pfanne zerlassen und die Pilze darin dünsten, bis das Wasser abgedampft ist. Im restlichen Fett die Zwiebeln glasig dünsten. Das Fleisch zusammen mit dem Gemüse in eine Auflaufform geben. Das Mehl darüber geben. Die Sahne gut mit Salz und Pfeffer abschmecken und über die Schnitzel geben. Abgedeckt im Kühlschrank über Nacht ziehen lassen. Am nächsten Tag im vorgeheizten Backofen bei 200° (Mitte) 50 Minuten backen. 10 Minuten vor Garende den Käse darüber geben.

Tipp: Dazu Reis und einen Salat reichen!

Tauschtipps: Statt Pute auch Schweineschnitzel oder Hähnchenbrust. Statt frischen Pilzen können Pilze aus dem Glas verwendet werden!

## Lasagne mit Pilzen

Füllung: 2 Gemüsezwiebeln gehackt, 800 g Champignons, Salz, Pfeffer, 450 ml Sahne, 3 Essl. Butter, 2 Essl. Mehl, ca. 300 g Lasagnenudeln, Fett für die Form.
Bechamelsauce: 100 g Butter, 50 g Mehl, ½ l Milch, Salz, Muskat, 100 g frisch gehobelter Parmesan.

Butter in einem Topf zerlassen, Pilze zugeben und dünsten, bis das Wasser abgedampft ist. Zwiebeln noch 2 Minuten mitdünsten und mit Salz und Pfeffer abschmecken. Mehl mit dem Gemüse vermengen. Die Form ausfetten, Pilzmischung im Wechsel mit Nudeln einschichten. Mit Sahne begießen. Für die Sauce die Butter zerlassen, Mehl einstreuen, mit Milch unter Rühren ablöschen und den Gewürzen abschmecken. Die Lasagne damit begießen und mit dem Parmesan bestreuen. Im vorgeheizten Backofen bei 175° (Mitte) ca. 40 Minuten backen.

Tipp: In die Sahne noch 4 Essl. Sherry geben, oder zwischen die Pilze noch etwas Knoblauch.

## Hackfleischtorte

650 g Hackfleisch, Thymian, 1 Tl. Senf, Salz, Pfeffer, 1 Bund Petersilie gehackt, 2 Eier, 2 Zwiebeln gewürfelt, 2 Knoblauchzehen ausgepresst, 8 gekochte Kartoffeln in Scheiben, 200 g Tomaten in Scheiben, 400 g Pilze in Scheiben, 1 Tl. Butter, Butter für die Form.

Eine große Springform ausfetten und den Boden mit den Kartoffelscheiben auslegen. Das Hackfleisch mit Eiern, Petersilie, Zwiebeln, Knoblauch vermischen und gut mit Thymian, Salz, Pfeffer abschmecken. Auf die Kartoffelscheiben geben und glattdrücken. Den Teelöffel Butter zerlassen und die Pilze dünsten, bis das Wasser abgedampft ist. Pilze und Tomaten auf der Hackfleischtorte verteilen und im vorgeheizten Backofen bei 200° (Mitte) 40 Minuten backen.

Tipp: Dazu einen Salat oder auch etwas Brot reichen!
Etwas geriebener Käse zum Überbacken passt auch noch sehr gut!

## Forellen mit Pfifferlingsfüllung

2-3 Forellen (ca. 1,5) kg, 400 g Pfifferlinge, 2 Zwiebeln gewürfelt, 2 Knoblauchzehen gehackt, 3 Essl. Petersilie gehackt, 150 g Butter, 50 g Mandelblättchen, Salz, Pfeffer.

Die Forellen waschen, innen gründlich reinigen und mit einem Küchenkrepp trockentupfen. Die Pfifferlinge putzen, klein schneiden. 50 g Butter in einem Topf zerlassen und die Pilze mit Zwiebeln und Knoblauch 10 Minuten dünsten. Petersilie untermischen und mit Salz und Pfeffer abschmecken. Die Forellen in eine Gratinform legen, und die Füllung gleichmäßig in allen Fischen verteilen. Butterflocken aufsetzen und mit Mandelblättchen bestreuen. Jeweils mit etwas Salz versehen. Mit Alufolie abdecken und im vorgeheizten Backofen bei 200° (Mitte) 40 Minuten backen. Dazu Kartoffeln reichen.

**Tipp:** Es können 2 dem Bedarf angepasste Fische oder entsprechend kleine verwendet werden!
**Getränketipp:** Dazu schmeckt ein trockener Weißwein!

## Soufflé mit Steinpilzen (6 Personen)

200 g Steinpilze gewürfelt, 300 g mehlige Kartoffeln gekocht, 4 Essl. Frischkäse Doppelrahmstufe, 2 Essl. Butter, etwas Mehl, 3 Eier getrennt, Muskatnuss, Salz, Pfeffer, 3 Essl. gehackte Petersilie.

Backofen auf 225° vorheizen, eine höhere Form mit Wasser befüllen, so dass die Formen später gut zur Hälfte darin stehen können. Souffleformen mit Butter auspinseln und mit Mehl ausstäuben. Pilze in 1 Essl. Butter andünsten, mit Salz und Pfeffer abschmecken und Petersilie zufügen. Kartoffeln pürieren, Eigelbe, Frischkäse zugeben mit Salz und Pfeffer würzen und glattrühren. Eiweiße steifschlagen und unter die Masse heben. In die Formen füllen und diese im Wasserbad in den Ofen stellen. Ca. 35 Minuten garen und sofort servieren!

Ein Genuss, und nicht schwer zu machen!

## Champignons im Kartoffelbett

600 g Champignons, 4 Essl. Butter, Salz, Pfeffer, 2 Essl. Gehackte Petersilie, 1 Zwiebel gewürfelt, 150 g Spinat, 150 g geriebener Emmentaler, 1 Portion Kartoffelpüree, 2 Essl. gewürfelter Schinken, Fett für die Form.

Champignons putzen, den Stiel ausdrehen und hacken. TK-Spinat gut auftauen und abtropfen lassen. Butter in einem Topf zerlassen, die Hüte hineingeben und bei geschlossenem Topf gut andünsten. Herausnehmen und in dem Sud die Stiele, Spinat und Zwiebeln dünsten. In der Zwischenzeit das Püree zubereiten. Dabei den Flüssigkeitsanteil zur Hälfte durch Milch ersetzen. Die Form ausfetten, das Püree darin glattstreichen. Die Pilzhüte mit der Spinatfüllung versehen und in das Püree setzen. Mit Petersilie und Käse bestreuen und im vorgeheizten Backofen bei 180° (unten) 30 Minuten überbacken. Lecker!

Tauschtipp: Halb Kürbismus und Kartoffelpüree gemischt! Auch lecker!

## Dorsch auf ländliche Art

2 kg Dorsch, 250 g Champignons 1te Wahl a. d. Glas, Tomatenketchup, 125 g durchwachsener Speck gewürfelt, 2 Zwiebeln gewürfelt, 3 Essl. Butter, Salz, Pfeffer, Zitronensaft, gerebelter Majoran, 1 Becher Schmand.

Den Fisch waschen, reinigen, mit Zitronensaft 20 Minuten stehen lassen. Trockentupfen und in eine gefettete Form setzen. Die Rückenflosse Keilförmig (Y) entfernen. Die Pilze abtropfen. Butter in einem Topf zerlassen, Pilze zufügen und gut dünsten. Speck und Zwiebeln zugeben und einige Minuten mitdünsten. Vorsichtig mit Salz, Pfeffer abschmecken. Mit der Füllung in den Rücken befüllen, den Rest um den Fisch herum legen. Großzügig mit Ketchup einstreichen. Mit Majoran bestreuen und im vorgeheizten Backofen bei 225° (Mitte) 30 Minuten backen. Den Schmand mit etwas Salz glattrühren und über dem Fisch verteilen. Weitere 15 Minuten backen.
Dazu Salzkartoffeln, Reis oder Brot reichen.

## Spargelgratin mit Krabben

800 g dünner Spargel (geputzt gewogen), Zucker, Salz, 500 g Austernpilze, 3 Essl. Butter, Pfeffer, 125 g Krabben, 300 ml Sahne, 1 Essl. Dill, 1 Essl. Mehl, 2 Eigelb, Fett für die Form.

Den Spargel in kochendem Wasser mit einer Prise Zucker bissfest garen, gut abtropfen lassen und in mundgerechte Stücke schneiden. Die Butter in einem Topf zerlassen, die Pilze in Streifen schneiden und dünsten. Mit Salz und Pfeffer abschmecken. Eine Form ausfetten, die Pilze einfüllen und verteilen. Darauf den Spargel legen. Krabben darüber streuen. Sahne mit Mehl, Eigelb, Pfeffer und Salz ausgiebig verquirlen und über den Gratin gießen. Im vorgeheizten Backofen bei 200° (unten) 20 Minuten überbacken.

Lecker! Gut vorzubereiten!

Tipp: Dazu einen Salat reichen!

## Gefüllte Paprika

4 große rote Paprika, 2 grüne Paprika gewürfelt, 250 g Champignons, 2 Knoblauchzehen ausgepresst, 2 Zwiebeln gewürfelt, 3 Essl. Olivenöl, 1 Essl. Butter, Salz, Pfeffer, 350 g Hackfleisch, 1 Essl. Tomatenmark, 1 Tl. Senf, 1 Ei, 1 hartes weißes Brötchen zerrieben. 100 g geriebener Emmentaler.

Von den roten Paprika den Stiel ausschneiden, die weichen Teile und die Kerne entfernen. Die Butter in einem Topf zerlassen und Pilze mit Zwiebeln und Knoblauch dünsten. Das Hack mit Bröseln, Tomatenmark, Senf, Ei verkneten. Die Gemüsemasse unterkneten und mit Salz und Pfeffer abschmecken. Die Paprika damit befüllen und in eine Form setzen. Evtl. verbleibende Masse und grüne Paprikawürfel um die gefüllten Paprika herum zusammen mit Olivenöl verteilen. Im vorgeheizten Backofen bei 180° (Mitte) 30 Minuten backen. Mit Käse bestreuen und noch einmal 10 Minuten backen. Dazu Reis reichen.

# Zwiebel-Pilzkuchen

Teig: 500 g Mehl, ½ Würfel Hefe, 2 Essl. Butter, 1 Tl. Salz, 1 Ei, 250 ml Wasser. Öl für das Blech.
Belag: 700 g Zwiebeln in Scheiben, 400 g Champignons in Scheiben, 3 Essl. Butter, 150 g gewürfelter Schinken.
Guss: 4 Eier, 300 g Schmand, Kümmel, Salz, Pfeffer.

Aus den Zutaten für den Teig einen glatten Teig verkneten und an einem warmen Ort abgedeckt gehen lassen. In einem Topf die Butter zerlassen, Zwiebeln und Pilze dünsten und Schinken noch einige Minuten zugeben. Ein Backblech mit Öl einstreichen, mit dem Teig dünn ausrollen und den Belag darauf verteilen. Für den Guss Eier, Schmand gut verquirlen und mit Gewürzen abschmecken. Über den Kuchen gießen und bei 180° (Mitte) 35 Minuten backen.
Dazu einen frischen Salat reichen.

## Gefüllter Kohlrabi

4 kleine Kohlrabi, Salz, 45 g Butter, 2 Zwiebeln gewürfelt, 450 g Champignons in Scheiben, Pfeffer, 150 ml Gemüsebrühe, 220 g Sahne, 4 cl Sherry, 4 Tl. Semmelbrösel, Fett für die Form.

Den Kohlrabi schälen, oben einen Deckel abschneiden und mit einem Kugelstecher bis auf einen Rand aushöhlen. Salzwasser aufkochen und die Knollen mit dem Deckel 7 Minuten blanchieren. Eine Auflaufform ausfetten, den Kohlrabi hineinsetzen und zwischenzeitlich warm halten. Butter in einem Topf erhitzen, Zwiebeln darin glasig dünsten, Pilze zufügen, mit Salz und Pfeffer abschmecken, das Wasser reduzieren. Herausnehmen und Brühe, Sahne und Sherry zufügen. Bis zur Hälfte reduzieren. Pilze wieder zufügen. Den Kohlrabi mit Semmelbröseln austreuen. Mit Pilzsauce befüllen, Deckel aufsetzen und bei 190° (Mitte) 45 im Backofen backen.

Tauschtipp: Stehen saisonal andere Pilze zur Verfügung, mit Pilzsorte variieren!

# Auflauflust

## Schwarzbrotauflauf

Auflauf: 750 g gekochte in Scheiben geschnittene Kartoffeln, 4 Große Scheiben Schwarzbrot, 750 g Champignons in Scheiben, 100 g Emmentaler, Fett für die Form, Salz, Pfeffer, 2 Essl. Öl.
Knoblauchbutter: 4 Essl. Butter, 4 ausgepresste Knoblauchzehen.
Sauce: ¼ l Milch, 2 Essl. Mehl, 2 Essl. Butter.

Pilze mit Öl in einem Topf 15 Minuten dünsten, bis das Wasser abgedampft ist. Aus zimmerwarmer Butter und Knoblauch mit etwas Salz Knoblauchbutter herstellen und die Brotscheiben von beiden Seiten bestreichen. In die gefettete Form die Hälfte der Kartoffeln und die Hälfte der Pilze einschichten. Jeweils etwas Salz und Pfeffer zu den Schichten geben. In einer Pfanne die Brotscheiben von beiden Seiten anbraten. Die ersten 2 Scheiben auf das Gemüse legen und mit etwas Käse bestreuen. Die nächsten 2 Schichten vorbereiten und mit den 2 Brotscheiben abschließen. Für die Sauce die Butter zerlassen, das Mehl zugeben und unter Rühren mit der Milch ablöschen. Die Sauce mit den Gewürzen abschmecken und über den Auflauf geben. Zum Schluss den restlichen Käse darüber streuen. Den Auflauf bei 175° 45 Minuten (unten) im vorgeheizten Backofen backen.

Tipp: Dazu einen Salat reichen!

## Gemüsenudelgratin

Gratin: 300 g Vollkornnudeln, 1 Essl. Butter, 3 Zwiebeln in groben Würfeln, 300 g Champignons in Scheiben, 200 g Porree, 2 ausgepresste Knoblauchzehen, 2 Essl. Gehacktes Basilikum, 1 Tl. Instantbrühe, Pfeffer, 1 Tl. Tomatenmark, 50 g Kürbiskerne, 4 Tomaten in Scheiben, 150 g Emmentaler, etwas Fett für die Form.
Sauce: 1/8 l Weißwein, 1/8 l Sahne, 2 Eier.

Nudeln nach Anweisung garen. In einem Topf die Butter zerlassen und die Zwiebel glasig dünsten. Pilze, Porree zufügen und kurz mitdünsten. Knoblauch, Instantbrühe, Pfeffer und Tomatenmark unterrühren. Alles mit den Nudeln mischen und in eine gefettete Form geben. Sahne, Wein und Eier verschlagen und über den Auflauf geben. Tomatenscheiben gleichmäßig darauf verteilen. Mit Basilikum und Käse bestreuen. Im vorgeheizten Backofen bei 175° (unten) 40 Minuten backen.

Getränketipp: Servieren Sie zum Essen den Wein, den Sie für die Sauce verwendet haben!

# Makkaroniauflauf

250 g Makkaroninudeln etwas zerkleinert, 1 Essl. Butter, 2 Zwiebeln gewürfelt, 200 g Champignons, 150 g gekochter Schinken gewürfelt, 2 Essl.
Paniermehl, 30 g Butter in kleinen Stücken, 150 g Emmentaler gerieben.
Eiermilch: 3 Eier, ¼ l Milch, Salz, Pfeffer, Paprikapulver.

Nudeln nach Anweisung garen und abtropfen lassen. Eine Form ausfetten. Die Butter zerlassen darin die Zwiebeln glasig dünsten. Pilze und Schinken zugeben und 8 Minuten mitdünsten. Nudeln in die Form geben und die Gemüsemischung darüber verteilen. Eier mit Milch verschlagen und mit den Gewürzen abschmecken. Zu dem Auflauf geben. Paniermehl und Butterstücke verteilen. Im vorgeheizten Backofen bei 170° (unten) 40 Minuten backen. Nach 30 Minuten mit dem Käse bestreuen und die restlichen 10 Minuten weiterbacken.
Tipp: 2 Essl. Kürbiskerne über den Auflauf geben!

## Champignon-Schinkengratin

750 g frische Champigons geviertelt, 2 Essl. Butter, 1 große Zwiebel gewürfelt, 150 g geräucherte Schinkenwürfel, 150 ml Creme Fraiche, 200 g geriebener alter Gouda, Pfeffer, Salz, Fett für die Form, Semmelbrösel.

In einem Topf die Butter zerlassen und die Champignons darin weichdünsten. In eine Schüssel geben. In dem Topf die Zwiebeln 5 Minuten dünsten und zu den Pilzen geben. Eine Form ausfetten und mit Semmelbröseln ausstreuen. Schinken und Creme Fraiche zu dem Gemüse geben und vermengen. Die Masse in die Form geben und im vorgeheizten Backofen bei 200° (unten) 20 Minuten überbacken.

Tipp: Dazu ein helles Brot reichen! Auch etwas Knoblauch passt sehr gut noch dazu!

# Fischauflauf

700 g Fischfilet, Saft von 1 Zitrone, 1 Glas Champignons 1. Wahl geschnitten, 1 Essl. Butter, 6 Tomaten in Scheiben, 2 Zwiebeln in Ringen, Salz, Pfeffer, Semmelbrösel, 200 g Schmand, 200 ml Sahne, 150 g geriebener Emmentaler, Butter für die Form.

Den Fisch waschen, trockentupfen, sofern nötig entgräten, in Zitronensaft marinieren. Nach 15 - 20 Minuten mit einem Kuchenkrepp trockentupfen. Butter in einem kleinen Topf zerlassen, die Pilze darin gut andünsten und mit Salz und Pfeffer abschmecken. Die Auflaufform ausfetten und mit Semmelbröseln ausstreuen. Den Fisch hineingeben. Das Gemüse darauf gleichmäßig verteilen und mit Pfeffer leicht bestreuen. Schmand, Sahne und Käse gut vermischen und über den Fisch geben. Mit Alufolie abdecken, ohne das diese auf dem Auflauf klebt. Im vorgeheizten Backofen bei 200° (Mitte) 45 Minuten überbacken.

Tipp: Dazu Brot oder Salzkartoffeln reichen!

## Kürbis-Austernpilzgratin

300 g Austernpilze in Streifen, 250 g Möhren in Scheiben, 450 g Kürbisfleisch in schmalen Würfeln, 200 g Sahne, 150 g geriebener Käse, 2 Eier, 3 Essl. Butter, Salz, Pfeffer, 3 Knoblauchzehen ausgepresst, Semmelbrösel, 3 Essl. Petersilie gehackt.

2 Essl. Butter in einem Topf zerlassen, Pilze dünsten, Möhren, Kürbis und Knoblauch 5 Minuten mitdünsten. In der Zwischenzeit eine Gratinform mit der restlichen Butter ausfetten und mit Semmelbröseln ausstreuen. Gemüse hineingeben. Sahne mit Eiern verquirlen, mit Gewürzen abschmecken und über den Gratin gießen. Mit Petersilie bestreuen und Käse darüber verteilen. Im vorgeheizten Backofen bei 200° (Mitte) 20 Minuten überbacken.

# Kürbis-Pilz-Lauchgratin

400 g Champignons in Scheiben, 400 g Kürbis in kleinen Würfeln, 600 g Lauch, 40 g Butter, 2 Essl. Mehl, Salz, Pfeffer, Muskat, 100 g geriebener Emmentaler, 4 Essl. Sahne, ¼ l Hühnerbrühe, 1 Essl. Butter.

Pilze in 1 Essl. Butter andünsten, bis das Wasser abgedampft ist. Lauch putzen, halbieren, mit Wasser abbrausen und in längliche Stücke schneiden. Die Brühe zum Kochen bringen, den Lauch 5 Minuten zugeben und mit einer Schaumkelle herausnehmen. Gut abtropfen lassen. Mit dem Kürbis den Vorgang wiederholen. Eine Form ausfetten, Lauch und Kürbis hineingeben und mit Pilzen abschließen. Im Pilztopf die Butter zerlassen, Mehl einrühren und mit der Brühe ablöschen. Sahne einrühren, mit Gewürzen abschmecken und die Sauce über das Gemüse geben. Mit Käse bestreuen und im vorgeheizten Backofen bei 200° (unten) 20 Minuten überbacken.

Tipp: Dazu passt ein frisches Weißbrot!

# Waldtorte

Teig: 300 g Mehl, 3 Eigelb, 150 g Butter, Salz, 3 Essl. Wasser.
Füllung: 450 g Pilze geputzt geschnitten, 2 Zwiebeln gewürfelt, 75 ml Öl, 2 Essl. gehackte Petersilie, 150 ml Saure Sahne, Salz, Pfeffer, 75 g geriebener Käse.

Mehl sieben, die zimmerwarme Butter in Flöckchen mit Salz, Eigelb und Wasser zu einem glatten Teig kneten. 1 Stunde kühl stellen. Dann ausrollen und eine runde Form damit auskleiden. Öl in einem Topf erhitzen und Pilze gut andünsten, bis das Wasser zur Hälfte eingedampft ist. Zwiebeln zufügen und kurz mitdünsten. Mit Salz und Pfeffer abschmecken und in die Form geben. Eiweiß steifschlagen, Saure Sahne und Petersilie unterziehen und auf die Torte geben. Mit Käse bestreuen und im vorgeheizten Backofen bei 190° (unten) 30 Minuten backen.

Tipp: Zu der Pilzmasse noch etwas gewürfelten Schinken geben!

## Crepegratin (4-6 Personen)

Teig: 250 g Mehl, 4 Eier, 400 ml Milch, Öl zum Ausbacken.
Füllung: 1000 g Champignons in Scheiben, 2 Zwiebeln gewürfelt, 3 Essl. gehackte Petersilie, 2 Essl. Butter, Pfeffer, Salz, 2 Knoblauchzehen gehackt.
Guss: 300 ml Sahne, 100 ml Milch, 2 gehäufte Essl. Mehl. 200 g geriebener Emmentaler.

Aus Mehl, Eiern und Milch einen Teig zubereiten und dünne crepeartige Pfannkuchen ausbacken. Für die Füllung die Butter in einem Topf zerlassen, die Pilze schmoren, bis das Wasser zu 2/3 eingedampft ist. Zwiebeln und Knoblauch zugeben, kurz mitdünsten und Petersilie einrühren. Eine Form ausfetten. Die Crepes mit der Pilzfüllung versehen, einrollen und nebeneinander in die Form legen. Die Milch mit dem Mehl verrühren und die Sahne untermischen. Mit Salz und Pfeffer abschmecken und den Guss über den Gratin geben. Im vorgeheizten Backofen bei 180° (Mitte) 30 Minuten backen. Nach 20 Minuten mit Käse bestreuen.

## Spinattorte

Teig: 300 g Mehl, 2 Eigelb, Salz, 150 g Margarine.
Belag: 150 g Champignons in Scheiben, 250 TK Blattspinat, 4 Essl. Pinienkerne, 400 g süße Sahne, 5 Eier, 150 g Emmentaler, 1 rote Paprikaschote in Streifen, 2 Essl. Petersilie, Salz, Pfeffer, Muskatnuss, 3 Essl. Öl.

Aus den Zutaten für den Teig einen Mürbeteig kneten und für 1 Stunde kühl stellen. Anschließend eine Springform bis zur halben Höhe damit auskleiden. In einem Topf die Pilze und den aufgetauten Spinat mit dem Öl dünsten. In einer Schüssel Spinatmischung mit Pinienkernen, Sahne, Eier, Käse, Petersilie, Paprika gut vermischen und mit Gewürzen abschmecken. Füllung in die Form geben und im vorgeheizten Backofen bei 200° (Mitte) 35 Minuten backen.

Tipp: Noch etwas Knoblauch zugeben!

# Aus einem Topf

# Laucheintopf

300 g grüne Bandnudeln, 2 Essl. Öl, 200 g Hackfleisch, 200ml Brühe, 100 ml Sahne, Pfeffer, 400 g Porree in Ringen, 400 g Champignons geviertelt, Paprikapulver, 4 Essl. Sojasauce, Muskat.

Nudeln 6 Minuten in Salzwasser garen. In einem Topf das Hackfleisch mit dem Öl gut anbraten. Porree und Champignons zugeben und mitgaren. Mit Brühe und Sahne ablöschen. Nudeln zufügen, mit Gewürzen und Sojasauce abschmecken. 10 Minuten unter Rühren köcheln lassen.

Lässt sich gut vorbereiten und geht schnell!

## Gemüse-Fisch-Topf

1 rote Paprikaschote gewürfelt, 150 g grüne Bohnen gestückelt, 200 g Zucchini in Scheiben, 300 g Champignons in Scheiben, 2 Knoblauchzehen gehackt, 2 Zwiebeln in Ringen, 2 Essl. Butter, ¼ l Brühe, 1 Tl Salz, Pfeffer, 450 g Seelachsfilet, Saft einer Zitrone.

Den Fisch waschen, trockentupfen, in mundgerechte Stücke schneiden, mit Zitronensaft 15 Minuten marinieren. Die Butter in einem großen Topf zerlassen, Zwiebel und Knoblauch glasig dünsten. Das Gemüse zugeben und 6 Minuten unter Rühren mitgaren. Mit Brühe auffüllen und 10 Minuten köcheln lassen. Den Fisch gut abtropfen, trockentupfen, zur Suppe geben und mit den Gewürzen abschmecken. Ca 7 Minuten garziehen lassen und zügig servieren.

Tipp: Zu dem Fischtopf passen gut geröstete Weißbrotcroutons!

## Mushroom-Stew

Pilzeintopf aus dem Nordwesten der USA

60 g Butter, 1 Zwiebel gewürfelt, 2 Knoblauchzehen gehackt, 1 kg frische Waldpilze, 125 ml Hühnerbrühe, 1 Zweig frischer Thymian, 1 Zweig frischer Rosmarin, 1 Bund frische Petersilie, 200 ml Sahne, Pfeffer, Salz.

Pilze (soweit nötig) putzen und in grobe Stücke zerteilen, Petersilie hacken.
Butter in einer Pfanne zerlassen und Zwiebel und Knoblauch darin glasig dünsten. Pilze darin 5 Minuten mitdünsten. Mit Sahne und Brühe angießen, die Kräuterzweige ganz sowie die gehackte Petersilie zugeben. Bei niedriger Hitze köcheln lassen, bis die Flüssigkeit etwa zur Hälfte verkocht ist. Mit Pfeffer und Salz abschmecken. Vor dem Servieren die Kräuterzweige herausnehmen.

Tipp: Dazu schmeckt geröstetes Weißbrot!

## Kasslertopf

750 g Kassler in Scheiben, 400 g rote Linsen, 1 Bund Suppengrün, 400 g Champignons geviertelt, 2 Gemüsezwiebeln gewürfelt, 2 grüne Paprikaschoten gewürfelt, ½ l kräftige Brühe, 2 Essl. Tomatenmark, Tabasco, Salz, Pfeffer, 100 g Creme Fraiche, 2 Essl. Öl.

Champignons in einem Topf mit dem Öl dünsten, bis sie weich sind und das Wasser mindestens zur Hälfte abgedampft ist. Das gesamte Gemüse vermischen und in einen Bräter geben. Darauf schuppenartig die Kasslerscheiben anrichten. Die Brühe mit Tomatenmark mischen und den Topf damit angießen. Den Bräter abdecken und im vorgeheizten Backofen bei 200° (Mitte) 50 Minuten garen. Nach einer halben Stunde den Deckel entfernen. Vor dem Servieren die Creme Fraiche in Tupfen auf dem Kasslertopf verteilen. Dazu Reis oder Salzkartoffeln reichen.

## Gemüsetopf Chinesische Art

250 g kleine Champignons, 4 Stangen Sellerie, 2 Möhren, 2 Zwiebeln, 2 Paprika, 200 g Kürbisfleisch gestiftet, 100 ml milde Sojasauce, Sonnenblumenöl, 50 g Cashewkerne oder Erdnüsse, 1 Tl. Speisestärke.

Pilze putzen. Sellerie waschen und in kleine Stücke schneiden. Möhren schälen und in dünne Scheiben schneiden. Zwiebeln abziehen und in Ringe schneiden, Paprika entkernen und in mundgerechte Stücke schneiden. Nüsse in einer beschichteten Pfanne rösten, herausnehmen. Öl in eine Pfanne geben, Pilze hineingeben, bei hoher Temperatur 3 Minuten dünsten, herausnehmen. Den Vorgang mit Sellerie, Möhren, Zwiebeln, Paprika und Kürbis wiederholen. Wichtig ist, dass das Gemüse den Biss noch behält. Die Sojasauce in die Pfanne geben, evtl. abgesetzten Sud vom bereitgestellten Gemüse zugeben und die Sauce mit Stärke binden. Das Gemüse mit der Sauce und den Nüssen vermengen, kurz ziehen lassen. Dazu Reis reichen.

## Gemüsecurry mit Kichererbsen

200 g Kichererbsen, 75 g getrocknete Aprikosen gewürfelt, 75 ml Orangensaft, 150 g Zwiebeln, 200 g Möhren, 150 g Sellerie (Knolle), 75 g Petersilienwurzel, 150 g Lauch, 300 g Kürbisfleisch, 200 g Champignons, 200 g Äpfel, 6 Essl. Sesamöl, 4 Essl. Sesamsamen geröstet, 2 Tl. Kurkuma, 3 Essl. Zitronensaft, Zimt, Nelken, Piment, Cayenne, Sojasauce, Salz.

Die Kichererbsen am Abend vorher in 1,5 l Wasser einweichen. Am nächsten Tag in der Flüssigkeit aufkochen und bei milder Hitze 1 Stunde köcheln lassen, bis sie weich sind. Vom Herd nehmen und nachquellen lassen. Die getrockneten Aprikosen würfeln und in Orangensaft einweichen.
Zwiebeln, Möhren, Sellerie, Petersilienwurzel putzen und fein würfeln. Lauch der Länge nach einschneiden und unter fließendem Wasser abbrausen. Kürbis schälen, entkernen und würfeln. Pilze putzen und in Scheiben schneiden. Äpfel entkernen und mit der Schale in Schnitze schneiden.

Zwiebeln in Sesamöl anschwitzen, dann Möhren, Sellerie und Petersilienwurzel mitdünsten. Kichererbsen, Salz, Zimt, Kurkuma, Nelken, Cayenne sowie Zitronensaft untermischen. Lauch, Pilze, Kürbisfleisch und Äpfel zugeben und gardünsten. Möglicherweise etwas Wasser zugeben. Mit Sojasauce abschmecken und mit geröstetem Sesam bestreut servieren.

## Gemüseeintopf

500 g Champignons, 500 g Möhren, 500 g Kartoffeln, 500 g Sellerie, 500 g Steckrüben, 75 g Butter, Salz, Pfeffer, Instantbrühe, 4 Essl. gehackte Petersilie.

Pilze putzen und in Scheiben schneiden. Möhren, Kartoffeln, Sellerie und Steckrüben schälen und fein würfeln.
Die Butter in einem Topf zerlassen, Champignons andünsten. Möhren, Kartoffeln, Sellerie, Steckrüben zugeben und kurz mitdünsten. Wasser bis kurz über den Gemüserand zugeben. Mit Salz und Pfeffer abschmecken. Den Deckel auf den Topf legen und 45 Minuten köcheln lassen. Gelegentlich umrühren. Mit Instantbrühe abschmecken und mit Petersilie bestreut servieren.

Variationen: 150 g Körner, z.B. Weizen, Grünkern oder Dinkel in Brühe garen und zugeben!

# Delikates

## Pikanter Blätterteigkuchen

1 Packung Tiefkühlblätterteig, 2 Essl. Butter, 2 Zwiebeln gewürfelt, 200 g gekochter Schinken gewürfelt, 2 Gläser Champignons geschnitten, 200 g Emmentaler gerieben, 150 g Naturjoghurt, 2 Eier, 1 rote Paprikaschote in dünnen Streifen, Salz, Pfeffer, Paprika.

Den Blätterteig auftauen und eine Springform damit auskleiden. **Achtung**: Blätterteig darf nicht geknetet werden, man zerstört sonst die Struktur! Bei 200° im vorgeheizten Backofen 12 Minuten backen. Die Pilze über einem Sieb gut abtropfen lassen und zusätzlich ausdrücken. In einem Topf die Butter schmelzen, die Zwiebeln glasig dünsten, den Schinken und die Pilze zufügen und 5 Minuten schmoren. Mit den Gewürzen leicht abschmecken und in die Form geben. Käse, Joghurt und Eier vermengen und über den Kuchen verteilen. Bei 180° (unten) 40 Minuten backen. Mit Paprikastreifen dekoriert servieren!

Tipp: Unter die Käsemasse noch Kräuter geben!

# Fladenbrotpizza

1 rundes Fladenbrot, 1 Becher Schmand, Salz, Pfeffer, 2 Knoblauchzehen ausgepresst, 250 g TK Spinat, 300 g Champignons, 1 Tl. Öl, 50 g gehackte Walnusskerne, 1 Mozzarellakäse gewürfelt.

Den Spinat auftauen und die Flüssigkeit gut ausdrücken. Vom Fladenbrot den Deckel dünn wegschneiden. Den Schmand mit Salz, Pfeffer und Knoblauch verrühren und das Brot damit bestreichen. Den Spinat gleichmäßig darauf verteilen. Die Pilze vierteln, Öl in einem Topf erhitzen, dünsten und mit Salz und Pfeffer abschmecken. Walnusskerne und Champignons auf der Pizza verteilen. Den Käse auf die Pizza geben und bei 190° (unten) 20 Minuten backen.

Schnell gemacht!

Variationen:

- Kürbiskerne statt Walnusskerne
- Andere Käsesorten verarbeiten

## Glasnudelpizza (4-6 Personen)

1 Paket Glasnudeln, 1 kg Rinderhack, 300 g frische Champignons in Scheiben, 5 Tomaten gewürfelt, 1 Gemüsezwiebel gewürfelt, Pfeffer, Salz, Oregano, Basilikum, Knoblauchgranulat, 200 g geriebener Käse, 4 Essl. Olivenöl.

Glasnudeln nach Anleitung kochen. Das Hack in 2 Essl. Öl gut anbraten. Das Gemüse in 1 Essl. Öl 5 Minuten dünsten. Ein Backblech mit 1 Essl. Öl gut einpinseln. Darauf die Glasnudeln verteilen. Diese mit Hackfleisch bedecken. Darauf das Gemüse verteilen und mit den Gewürzen bestreuen. Das Ganze mit dem geriebenen Käse bestreuen. Im vorgeheizten Backofen bei 200° (unten) 20 Minuten backen, bis der Käse gut gebräunt ist.

## Piroggen

1 kg mehlig kochende Kartoffeln, 250 g Weizenvollkornmehl, 4 Essl. Schmand, 3 Eier, Salz, Pfeffer, 450 g Champignons in Scheiben, 2 Zwiebeln gewürfelt, 1 Essl. Butter, 200 g Rinderhack, Mehl. 1 Ei.

Kartoffeln schälen, kochen, gut abdampfen, pürieren und abkühlen. Mus mit Mehl, Schmand, Eiern vermischen und etwas würzen. Butter in einem Topf zerlassen, Pilze, Hack und Zwiebeln unter Rühren darin anbraten. Aus der Kartoffelmasse Klöße formen in Mehl wälzen und flach drücken. Mit der Hackpilzmasse befüllen und wieder verschließen. Alle Piroggen auf ein mit Backpapier ausgelegtes Backblech setzen und mit verquirltem Ei bepinseln. Im vorgeheizten Backofen bei 180° (unten) ca. 15 - 20 Minuten backen, bis sie leicht bräunlich sind.

Sehr schmackhaft!

Tipp: Unter die Hackmasse Knoblauch geben und mit scharfem Paprika abschmecken!

## Champignons mit Jacobsmuscheln
Südstaatenküche (USA)

250 g Champignons in Scheiben, 1 rote Paprika in feinen Streifen, 2 Frühlingszwiebeln in dünnen Ringen, 3 Essl. Butter, 200 g Creme double, Salz, weißer Pfeffer, 1-2 Essl. Ouzo (Anisschnaps), 12 ausgelöste Jacobsmuscheln.

Die Butter in einem Topf zerlassen, darin Pilze, Paprika und Zwiebeln etwa 5 Minuten dünsten. Creme double hinzufügen und mit Salz, Pfeffer und Anisschnaps abschmecken. Jacobsmuscheln vierteln, in den Topf geben und 5 Minuten bei niedriger Temperatur mitziehen lassen.

Tipp: In den USA wird dazu Reis gereicht! Auch hier gibt es diese Muscheln mancherorts frisch im Fachhandel oder auch tiefgefroren!

## Quiche mit Pilzen

Teig: 300 g Weizenmehl, 1 Tl. Salz, 150 g Butter, 6 Essl. Wasser, Mehl zum Ausrollen.
Füllung: 400 g Pilze, 6 Eier, ¼ l Creme Fraiche, Salz, Pfeffer, 75 g hauchdünner Bacon.

Für den Teig Mehl mit Salz mischen, Butter in kleinen Stücken zugeben und mit den Knethaken eines Handmixers unter Zufügen des Wassers einen glatten Teig herstellen. Den Teig ausrollen und eine Springform damit auskleiden. Im vorgeheizten Backofen bei 175° (Mitte) 5 Minuten backen. Eier, Creme Fraiche, Salz und Pfeffer, verquirlen und Pilze untermischen. Die Form mit dem Bacon auslegen und die Pilzmischung einfüllen. Weitere 40 Minuten im Ofen backen, bis die Quiche goldgelb ist.

Tipp: Dazu einen frischen Salat reichen!

Tauschtipp: Es können Champignons oder Mischpilze verwendet werden.

## Käse-Pilz-Fondue

300 g Raclettekäse, 300 g Emmentaler, 175 g Steinpilze fein gehackt, 175 g Pfifferlinge, 2 Essl. Butter, ¼ l Riesling, 2 Knoblauchzehe gehackt, Salz, Pfeffer, Muskat.

Der Käse wird grob in Stücke zerteilt. Die Butter in einem Topf zerlassen und die Pilze darin zusammen mit dem Knoblauch hinein gegeben. Mit dem Weißwein ablöschen. Nach und nach den Käse zugeben und beständig umrühren. Der Käse muss sich vollständig aufgelöst haben. Die Fonduecreme wird in den entsprechenden Topf gegeben und nun bei Tisch weiter heiß gehalten. Ab und zu umrühren. Dazu werden Weißbrotstücke gereicht, die dann in den Käse getunkt werden.

## Schaschlikspieße

Je 1 grüne und rote Paprikaschote, 1 Gemüsezwiebeln, 12 kleine Champignons, 200 g Hähnchenbrustfilet, 4 Scheiben Bacon, Öl zum Ausbraten, Schaschlikspieße, 1 Essl. Butter.

Paprika entkernen, in grobe Stücke schneiden. Zwiebel abziehen, und in Stücke teilen. Butter in einem Topf zerlassen und die Pilze darin andünsten. Sie dürfen nicht zu weich werden. Das Hähnchenbrustfilet in kleine Stücke schneiden. Nun alles im Wechsel mit dem Bacon auf die Holzstäbe spießen. Öl in einer Pfanne erhitzen und die Spieße nach und nach ausbraten. Es kann auch im Backofen (200°, unten) gegart werden. Hierzu müssen die Spieße mit Öl bepinselt werden.
Dazu kann eine Tomatensauce und Reis gereicht werden.

Variante: Eine Tomatensauce zubereiten und darin die Spieße garen.

## Pilzkes

350 g Austernpilze, 850 g Kartoffeln, 1 Zwiebel, 4 Eier, 1 Essl. Mehl, 100 g Wurzeln, Pfeffer, Salz, Öl zum Ausbacken.

Austernpilze in Streifen schneiden und in Öl dünsten. Kartoffeln schälen, Zwiebel abziehen und beides fein reiben. Wurzeln schälen, fein reiben und zu den Kartoffeln geben. Kartoffelmasse mit den Pilzen, den Eiern, Mehl, Salz und Pfeffer verrühren und als Puffer ausbacken.

Tipp: Dazu eine Kräuterquarkcreme reichen!

Variante: Die Kartoffelmasse pikant mit Knoblauch und Schnittlauch abschmecken!

## Tomaten mit Puten-Pilzfüllung (für 6 Personen)

8 große Fleischtomaten, 45 g Speck gewürfelt, 40 g Butterschmalz, 450 g Putenbrust, 2 Zwiebeln gewürfelt, 2 Knoblauchzehen gehackt, 300 g Champignons in dünnen Scheiben, 250 g TK Erbsen, Pfeffer, Salz, 100 g geriebener Emmentaler, 2 Essl. Semmelbrösel.

Von den Tomaten den Deckel abschneiden, den grünen Strunk auslösen und Inneres wie auch Deckel würfeln. Putenbrust in dünne Streifen schneiden. In einem Topf das Butterschmalz zerlassen, den Speck zugeben und auslassen. Die Pilze zugeben und dünsten, bis das Wasser eingedampft ist. Zwiebeln kurz mitdünsten. Das Fleisch und den Knoblauch zugeben und anbraten. Tomatenwürfel zugeben. Mit Salz und Pfeffer abschmecken. Die Tomaten mit Bröseln ausstreuen, die Füllung hineingeben, die Tomaten in eine Form setzen und mit Alufolie abdecken. Im Backofen bei 200° (Mitte) 30 Minuten backen.

## Käsequiche

Teig: 250 g Mehl, 1 Tl. Salz, 125 g Butter, 3 Eigelb.
Füllung: 250 ml Sahne, Salz, Pfeffer, Muskat, 3 Eier, 400 Champignons (kleine Köpfe), 1 Essl. Butter.
Belag: 50 g Gorgonzola, 150 g Mozzarella, 100 g Gouda, 50 g Emmentaler, jeweils in Scheiben.

Aus den Zutaten für den Teig einen glatten Teig kneten und ½ Stunde kühlstellen. Im Anschluss den Teig flach rollen und eine runde Springform damit bis zur halben Höhe auslegen. Die Butter in einem Topf zerlassen Pilze dünsten, bis das Wasser zu 2/3 eingedampft ist. Die Pilze in der Form verteilen. Sahne mit Salz, Pfeffer, Muskat, und Eiern verquirlen und über den Pilzen verteilen. Mit den verschiedenen Käsesorten belegen und im vorgeheizten Backofen bei 180° (Mitte) 40 Minuten backen.

Tipp: Dazu einen frischen Salat reichen.

# Kartoffel-Pilzomelette

450 g mehlige Kartoffeln (geputzt gewogen), Olivenöl, 2 Zwiebeln gewürfelt, 125 g Schinkenwürfel, 250 g Waldpilze, 1 Essl. Butter, Salz, Pfeffer, 6 Eier, Muskatnuss. 3 Essl. frischer Schnittlauch geschnitten.

Die Kartoffeln schälen und mit einem Hobel in dünne Scheiben hobeln. Öl in einer Pfanne erhitzen und die Kartoffeln glasig dünsten. Zwiebeln und Schinken zufügen und 5 Minuten mitdünsten. Kartoffelmasse in eine Schüssel geben. In der Pfanne die Butter zerlassen und die Pilze 12 Minuten dünsten. Mit Salz und Pfeffer abschmecken. Die Eier verquirlen und mit der Kartoffelmasse vermischen. In die Pfanne zu den Pilzen geben. Deckel auflegen und alles stocken lassen. Mit Hilfe des Deckels umdrehen und auf der anderen Seite ebenfalls kurz braten. Mit Schnittlauchröllchen bestreuen und sofort servieren.

Tipp: 2 Knoblauchzehen hacken und zu der Masse geben!

# Pilz-Kürbis-Pizza

Teig: 300 g Mehl, 150 g Margarine, 2 Eier, Salz. Belag: 400 g geraspeltes Kürbisfleisch, 300 g kleine Champignons, 1 Essl. Butter, 200 g TK Blattspinat aufgetaut, 3 Knoblauchzehen gehackt, 4 Essl. Butter, 250 g Mozzarella.

Aus Mehl, Margarine, Eiern und einer Prise Salz einen Mürbeteig kneten und ½ Stunde kalt stellen. Ein kleines Backblech damit auslegen. 2 Essl. Butter in einem Topf zerlassen und die Kürbisraspel darin glasig dünsten. Herausnehmen und auf dem Backblech verteilen. Den Vorgang mit den Pilzen und dem Spinat mit Knoblauch wiederholen. Den Käse in Scheiben schneiden. Im vorgeheizten Backofen bei 200° (Mitte) 20 Minuten backen. Mit dem Käse belegen und weitere 15 Minuten backen.

# *Vorratsecke*

## Gewürzte Champignons

650 g Champignons, 5 Zwiebeln in Ringen, ¼ l Weißwein, 1/8 l Apfelessig, 1 l Wasser, 200 g Zucker, 1 Essl. schwarze Pfefferkörner, 1 Essl. grüner Pfeffer, 1 Essl. rosa Pfeffer, 2 Essl. Senfkörner, 1 Essl. Salz, 1 Bund Estragon.

Wasser mit Salz aufkochen und die geputzten ganzen Pilze 5 Minuten hineingeben. Mit einer Schaumkelle herausnehmen. Zum Wasser Zucker, Wein, Essig, Pfefferkörner, Senfkörner und Estragonblätter geben und rühren bis sich der Zucker aufgelöst hat. Zwiebeln zugeben und 4 Minuten köcheln lassen. Die gut abgetropften Pilze in vorbereitete Twist-Off-Gläser geben, mit dem Sud gut bedecken und abkühlen lassen. Anschließend mit dem Deckel verschließen.

Tipp: Bis zum ersten Genuss einige Tage ziehen lassen!

# Ölpilze

800 g sehr kleine weiße Champignons, 10 Knoblauchzehen, grober geschroteter Pfeffer, grobes Salz, 4 Essl. Balsamicoessig, Olivenöl, kleine Rosmarinzweige.

Champignons waschen und putzen, Knoblauch abziehen und in kleine Stifte schneiden. 6 Essl. Olivenöl in einem Topf erhitzen und die Champignons unter Rühren dünsten, bis das Wasser abgedampft ist. Knoblauch für 2-3 Minuten mitdünsten. Auskühlen lassen und die Pilze mit Balsamicoessig, grobem Salz und Pfeffer vermischen. In Gläser geben, Rosmarin auflegen und mit Olivenöl bedecken. Mindestens 1 Tag ziehen lassen.

Tipp: Wenn die Pilze auf einem Buffet angerichtet werden sollen, eignet sich auch eine dekorative Schüssel zur Aufbewahrung!

## Schwammpilztopf

2 kleine rote Chilischoten, 6 Knoblauchzehen, 750 g Schwammpilze, 8 Essl. Olivenöl, 1 Essl. Fenchelsaat, 1 kleine Zitrone unbehandelt, 2 Rosmarinzweige, ca. 750 ml Olivenöl, etwas Salz.

Knoblauchzehen abziehen, vierteln. Pilze antrocknen, putzen, halbieren oder vierteln. Chilischoten vom Stiel befreien und in dünne Ringe schneiden. Das Öl in 2 Pfannen geben, die Pilze zusammen mit dem Knoblauch möglichst von allen Seiten anbraten. Mit Salz und Fenchelsaat würzen. Zitrone in dünne Scheiben schneiden, Rosmarin zerteilen. Pilze im Wechsel mit Zitronenscheiben und Rosmarin in vorbereitete Gläser einschichten. Mit Olivenöl bedecken. Nach dem Abkühlen mit einem Deckel verschließen.

Tipp: Passt besonders gut zu Nudeln, als Antipasti und mehr!

# Pilzsauce (scharf)

500 g frische Tomaten, 700 g Champignons in Scheiben, 2 Zwiebeln gewürfelt, 2 Essl. Salbei gehackt, 2 grüne Chilischoten, 6 Essl. Balsamicoessig hell, 6 Essl. Olivenöl, Salz, Pfeffer, 4 Knoblauchzehen gestiftet.

Einen Topf mit Salzwasser zum Kochen bringen. Die Tomaten für 2 Minuten hineingeben. Tomaten unter kaltem Wasser kurz abschrecken, die Haut abziehen, den Strunk entfernen und würfeln. Von den Chilis den Stiel entfernen und in feine Ringe schneiden. Öl in einem Topf erhitzen und Zwiebeln mit Knoblauch glasig dünsten. Herausnehmen und die Pilze dünsten, bis sich die Flüssigkeit reduziert hat. Herausnehmen, die Tomaten und Chilis hineingeben, 5 Minuten dünsten. Das Gemüse zufügen, Salbei und Essig untermischen, mit Salz und Pfeffer abschmecken. Abkühlen lassen, in vorbereitete Gläser geben und verschließen!

Tipp: Als Beilage für Fleisch, Fisch, Fondue und Nudeln.

## Würzchampignons

1200 g kleine feste Champignons, 1 Tl. Salz, 1 Essl. schwarze Pfefferkörner, 6 Knoblauchzehen geviertelt, 3 Zwiebeln geachtelt, Lorbeerblätter, ganze Nelken, 4 Zweige Estragon, 1 Tl. Piment, 1 Tl. Koriander, ¼ l Kräuteressig, ½ l Wasser, 1 Essl. Zucker.

Wasser mit Salz zum Kochen bringen und die Pilze 6 Minuten darin kochen. Abtropfen lassen und in die vorbereiteten Gläser verteilen. Den Essig erhitzen, Zucker, gezupfte Estragonblätter, Lorbeerblätter, Nelken, Piment, Koriander, Zwiebeln und Knoblauch 4 Minuten darin sieden lassen. Das Gemüse und die Gewürze herausnehmen und gleichmäßig in die Gläser verteilen. Den Essigsud zum Kochen bringen und in den Gläsern verteilen. Sofort verschließen.

Lecker!

## Eingelegte Sauerpilze

1000 g Pfifferlinge/oder Champignons, 5 Zwiebeln in Ringen, 3 Essl. getrocknete grüne Pfefferkörner, 1 Essl. Salz, 2 Essl. Zucker, 400 ml Kräuteressig, 350 ml Wasser.

Pilze putzen, größere halbieren. Wasser zum Kochen bringen, Pilze damit übergießen und 8 Minuten stehen lassen. Mit einer Schaumkelle in ein Sieb geben und gut abtropfen lassen. Jetzt Pilze im Wechsel mit Zwiebelringen in ein Steingutgefäß schichten. Wasser, Salz, Zucker, Pfefferkörner, Essig zum Kochen bringen und über die Pilze gießen. Mit einem Teller oder einer Untertasse beschweren, so dass die Pilze bedeckt sind. Kühlstellen. Am nächsten Tag das Wasser abnehmen und den Vorgang wiederholen. Zur dauerhaften Lagerung in Schraubgläsern kühl lagern.

Tipp: Beilage zu Fleischgerichten, Bratkartoffeln.

Tauschtipp: Sehr gut eignen sich auch Stockschwämmchen!

## *Pilze in Olivenöl*

*1 kg frische gemischte Pilze, 200 g klein gewürfelte Zwiebel, kalt gepresstes Olivenöl, Salz, Pfeffer, 4 Knoblauchzehen, 1 rote Chilischote, einige Liebstockblätter.*

*Pilze putzen, je nach Größe entweder ganz lassen oder etwas zerteilen. Zwiebelwürfel in Olivenöl glasig dünsten. Pilze zugeben, schwenken, mit Salz und Pfeffer würzen, die austretende Flüssigkeit vollständig einreduzieren. Mit Liebstockblättern vermischen. Die Pilze in vorbereitete Schraubgläser geben. So viel Olivenöl zugeben, dass die Pilze vollständig bedeckt sind. Im Kühlschrank aufbewahren.*

## Steinpilzöl

300 g Steinpilze, 4 Knoblauchzehen, 300 ml Sonnenblumenöl.

Die Steinpilze putzen und in feine Blätter schneiden. Einen Tag zum Trocknen auf Küchenkrepp auslegen.

Die Pilze mit abgezogenem Knoblauch in ein Schraubgefäß geben, das sich auch zum Ausgießen eignet. Das Öl hineingeben, gut durchschütteln und verschließen. Im Kühlschrank aufbewahren.
Nach 14 Tagen Öl von den Pilzen und dem Knoblauch trennen.

Tipp: Es braucht einige Tage, bis sich das Aroma entfaltet hat.

# Rezeptregister

## Vorspeisenkreationen

Käse-Champignon-Waffeln
Blätterteigtaschen
Jäger-Canapes
Englischer Champignontoast
Überbackener Schafkäse
Gefüllte Champignonhüte
Austernpilzrösties
Austernpilzschnitzel
Antipasti-Topf
Knoblauch-Bruschetta
Überbackener Pilztoast
Marinierte Kräuterpilze
Muffinzauber
Marinierte Champignons nach Christian Winters Art

## Suppenküche

Pikante Champignonsuppe
Mexikanische Pilzsuppe
Tomatensuppe
Indische Hackfleischsuppe
Partysuppe
Champignonsuppe mit Wildreis
Champignon-Knoblauch-Suppe
Champignoncremesuppe
Waldpilzcremesuppe
Kresse-Pilz-Suppe
Klare Wildsuppe
Pilzcremesuppe mit Eilegierung
Pilzcremesuppe mit Sellerie
Artischockensuppe
Wintersche Steinpilzsuppe klar

# Salatschüssel

Mexikanischer Fiesta Salat
Steinpilzsalat
Champignonsalat
Champignon-Mangold-Melonen-Salat
Vitalsalat
Zucchini-Champignonsalat auf Ruccolabett
Grüner Pilzsalat
Austernpilze mit Ruccola
Rohkost mit Avocadodip
Rotsalat
Bohnensalat

## Hauptgerichte

Currygeschnetzeltes
Hawaii-Gulasch
Wiemersdorfer Waldpilzpfanne mit Thüringer Klößen nach Kohnscher Art
Pilzomelette
Kürbis-Pilzrisotto
Rehrückenfilet mit Waldpilzhaube
Bandnudeln mit Steinpilzrahmsauce
Luftige Kartoffeln mit Pfifferlingssauce
Pilzragout
Schnelles Spargelfrikassee
Buchweizenplinsen mit Pilzen
Rehgulasch mit Pfifferlingen
Hähnchen mit Calvados
Schnelle Käsepätzle
Roter Spaghettitraum
Zwiebelrahmschnitzel

## Beilagenzauber

Ratatouille aus dem Wok
Pfifferlingssauce
Champignonbeutel
Braunkappenchampignons in Bierteig
Kartoffel-Pilz-Mus
Pilzbutter
Austernpilze
Waldkroketten
Shii-Take-Pilze in Rosmarinöl
Semmelknödel
Kürbis-Pilz-Gemüse

## Backofenvariationen

Chinakohlrouladen auf Champignonbett
Putenkeule mit Pfifferlingssauce
Buchweizenplatte
Putensahneschnitzel
Lasagne mit Pilzen
Hackfleischtorte
Forellen mit Pfifferlingfüllung
Souffle mit Steinpilzen
Champignons im Kartoffelbett
Dorsch auf ländliche Art
Spargelgratin mit Krabben
Gefüllte Paprika
Zwiebel-Pilzkuchen
Gefüllter Kohlrabi

## Auflauflust

Schwarzbrotauflauf
Gemüsenudelgratin
Makkaroniauflauf
Champignon-Schinkengratin
Fischauflauf
Kürbis-Austernpilzgratin
Kürbis-Pilz-Lauchgratin
Waldtorte
Crepegratin
Spinattorte

# Aus einem Topf

Laucheintopf
Gemüse-Fisch-Topf
Mushroom-Stew
Kasslertopf
Gemüsetopf Chinesische Art
Gemüsecurry mit Kichererbsen
Gemüseeintopf

## Delikates

Pikanter Blätterteigkuchen
Fladenbrotpizza
Glasnudelpizza
Quiche mit Pilzen
Piroggen
Champignons mit Jacobsmuscheln
Käse-Pilz-Fondue
Schaschlikspieße
Pilzkes
Tomaten mit Puten-Pilzfüllung
Käsequiche
Kartoffel-Pilz-Omlette
Pilz-Kürbis-Pizza

# Vorratsecke

Gewürzte Champignons
Ölpilze
Schwammpilztopf
Pilzsauce
Würzchampignons
Eingelegte Sauerpilze
Pilze in Olivenöl
Steinpilzöl